Pablo Neruda

A BARCAROLA

Tradução de Olga Savary

www.lpm.com.br

L&PM POCKET

Coleção **L&PM** POCKET, vol. 120

Texto de acordo com a nova ortografia.

Título do original em espanhol: *La Barcarola*

Este livro foi publicado pela L&PM Editores em formato 14x21cm, dentro da coleção Poesia de Pablo Neruda, em 1983.
Primeira edição na Coleção **L&PM** POCKET: 1998
Esta reimpressão: 2022

Capa: Ivan Pinheiro Machado sobre tela de Edward Hopper *Coline avec Phare*
Revisão: Renato Deitos e Delza Menin
Tradução: Olga Savary

ISBN 978-85-254-0919-5

N454 Neruda, Pablo, 1904-1973.
A barcarola / Neftalí Ricardo Reyes; tradução de Olga Savary. – Porto Alegre: L&PM, 2022.
160 p. ; 18 cm. – (Coleção L&PM POCKET)

1.Ficção Chilena-Poesias. 2.Reyes, Neftalí Ricardo Reyes, 1904-1973. I.Título. II.Série.

CDD Ch861
CDU 860.0(73)-1

Catalogação elaborada por Izabel A. Merlo, CRB 10/329

Rua Comendador Coruja, 314, loja 9 – Floresta – 90.220-180
Porto Alegre – RS – Brasil / Fone: 51.3225.5777

Pedidos & Depto. Comercial: vendas@lpm.com.br
Fale conosco: info@lpm.com.br
www.lpm.com.br

Impresso no Brasil
2022

PABLO NERUDA
(1904-1973)

Ricardo Neftalí Reyes Basoalto nasceu na cidade chilena de Parral, em 12 de julho de 1904. Sua mãe era professora e morreu logo após o nascimento do filho. Seu pai, que era ferroviário, mudou-se para a cidade de Temuco, onde se casou novamente. Ricardo passou a infância perto de florestas, em meio à natureza virgem, o que marcaria para sempre seu imaginário, refletindo-se na sua obra literária.

Com treze anos, começou a contribuir com alguns textos para o jornal *La Montaña*. Foi em 1920 que surgiu o pseudônimo Pablo Neruda – uma homenagem ao poeta tchecoslovaco Jan Neruda. Vários dos poemas desse período estão presentes em *Crepusculário*, o primeiro livro do poeta, publicado em 1923.

Além das suas atividades literárias, Neruda estudou francês e pedagogia na Universidade do Chile. No período de 1927 a 1935, trabalhou como diplomata, vivendo em Burma, Sri Lanka, Java, Cingapura, Buenos Aires, Barcelona e Madri. Em 1930, casou-se com María Antonieta Hagenaar, de quem se divorciaria em 1936. Em 1955, conheceu Mathilde Urrutia, com quem ficaria até o final da vida.

Em meio às turbulências políticas do período entre-guerras, publicou o livro que marcaria um novo período em sua obra, *Residência na Terra* (1933). Em 1936, o estouro da Guerra Civil Espanhola e o assassinato de García Lorca aproximaram o poeta chileno dos republicanos espanhóis, e ele acabou destituído de seu cargo consular. Em 1943, voltou ao Chile, e, em 1945 foi eleito senador da república, filiando-se ao partido comunista chileno. Teve de viver clandestinamente em seu próprio país por dois anos, até exilar-se, em 1949. Um ano depois foi publicado no México e clandestinamente no Chile o livro *Canto geral*. Além de ser o título mais célebre de Neruda, é uma obra-prima de poesia telúrica que exalta poderosamente toda a vida do Novo Mundo, denuncia a impostura dos conquistadores e a tristeza dos povos explorados, expressando um grito de fraternidade através de imagens poderosas.

Após viver em diversos países, Neruda voltou ao Chile em 1952. Muito do que ele escreveu nesse tempo tem profundas marcas políticas, como é o caso de *As uvas e o vento* (1954), que pode ser considerado o diário de exílio do poeta. Em 1971, Pablo Neruda recebeu a honraria máxima para um escritor, o Prêmio Nobel de Literatura. Morreu em Santiago do Chile, em 23 de setembro de 1973, apenas alguns dias após o golpe militar que depusera da presidência do país o seu amigo Salvador Allende.

Livros do autor na Coleção **L&PM** POCKET:

A barcarola
Cantos cerimoniais (Edição bilíngue)
Cem sonetos de amor
O coração amarelo (Edição bilíngue)
Crepusculário (Edição bilíngue)
Defeitos escolhidos & 2000 (Edição bilíngue)
Elegia (Edição bilíngue)
Jardim de inverno (Edição bilíngue)
Livro das perguntas (Edição bilíngue)
Memorial de Isla Negra
Residência na terra I (Edição bilíngue)
Residência na terra II (Edição bilíngue)
A rosa separada (Edição bilíngue)
Terceira Residência (Edição bilíngue)
Últimos poemas
As uvas e o vento

ÍNDICE

LA BARCAROLA

CANCION

Começa a Barcarola:

TE AMO

Amante, te amo e me amas e te amo,
são curtos os dias, os meses, a chuva, os trens;
são altas as casas, as árvores, e somos mais altos;
se acerca na areia a espuma que quer beijar-te;
transmigram as aves dos arquipélagos
e crescem em meu coração tuas raízes de trigo.

Não há dúvida, amor meu, que a tempestade de setembro
caiu com seu ferro oxidado sobre tua cabeça
e quando, entre rajadas de espinhos te vi caminhando
indefesa,
tomei tua guitarra de âmbar, pus-me a teu lado,
sentindo que eu não podia cantar sem tua boca,
que eu morria se não me olhasses chorando na chuva.

Porque os quebrantos de amor à beira do rio,
porque a cantata que em pleno crepúsculo ardia em
minha sombra,
por que se encerraram em ti, *chillaneja** fragrante,
e restituíram o dom e o aroma que necessitava
minha roupa gasta por tantas batalhas de inverno?

---

* *Chillaneja*: natural de Chillán, Chile. (N.T.)

NAS RUAS DE PRAGA

Recordas as ruas de Praga que duras sonhavam
como se tambores de pedra sonhassem na solidão
daquele que através dos mares buscou tua lembrança:
tua imagem em cima da ponte San Carlos era uma laranja.

Então cruzamos a neve de sete fronteiras
desde Budapeste que agregava roseiras e pão à sua estirpe
até os amantes, tu e eu, perseguidos, sedentos e famintos,
nos reconhecemos ferindo-nos com dentes e beijos e espadas.

Oh dias cortados pelas cimitarras do fogo e da fúria
sofrendo o amante e a amante sem trégua e sem pranto
como se o sentimento se houvesse enterrado em um
páramo entre as urtigas
e cada expressão se turbasse queimando e virando lava.

AS FERIDAS

Foi talvez a ofensa do amor escondido e talvez a incerteza,
a dor vacilante,
o temer à ferida que não somente tua pele e minha pele
transpassasse,
mas que chegasse a instalar uma lágrima áspera nas
pálpebras da que me amou,
o certo é que já não tínhamos nem céu nem sombra nem
ramo de vermelha ameixeira com fruto e orvalho
e só a ira dos becos que não têm portas entrava e saía em
minha alma
sem saber onde ir nem voltar sem matar ou morrer.

OS VERSOS DO CAPITÃO

Oh dor que envolveram relâmpagos e foram guardando-se
naqueles versos, fugazes e duros, floridos e amargos,
em que um Capitão cujos olhos esconde uma máscara negra
te ama, oh amor, arrancando com mãos feridas
as chamas que queimam, as lanças de sangue e suplício.

Mas logo um favo substitui a pedra do muro arranhado;
frente a frente, de repente sentimos a impura miséria
de dar aos outros o mel que buscávamos por água e por fogo,
por terra e por lua, por ar e por ferro, por sangue e por ira:
então ao fundo de ti e ao fundo de mim descobrimos que
estávamos cegos
dentro dum poço que ardia com nossas trevas.

COMBATE DA ITÁLIA

Europa vestida de velhas violetas e torres de estirpe angustiada
nos fez voar na sua onda de ilustres paixões
e em Roma as flores, as vozes, a noite iracunda,
os nobres irmãos que me resgataram da Polícia:
mas logo se abriram os braços da Itália abraçando-nos
com seus jasmineiros crescidos em gretas de rocha
e seu paroxismo de olhos que nos ensinaram a olhar o mundo.

OS AMANTES DE CAPRI

A ilha sustenta em seu centro a alma como uma moeda
que o tempo e o vento limparam deixando-a pura
como amêndoa intacta e agreste cortada na pele da safira
e ali nosso amor foi a torre invisível que treme na fumaça,

o orbe vazio deteve sua cauda estrelada e a rede com os
peixes do céu
porque os amantes de Capri fecharam os olhos e um rouco
relâmpago cravou no silvante circuito marinho
o medo que fugiu dessangrando-se e ferido de morte
como a ameaça de um peixe espantoso por súbito arpão
derrotado:
e depois no mel oceânico navega a estátua de proa,
nua, enlaçada pelo incitante ciclone masculino.

DESCRIÇÃO DE CAPRI

A vinha na rocha, as gretas do musgo, os muros que enredam
as trepadeiras, os plintos de flor e de pedra:
a ilha é a cítara que foi colocada na altura sonora
e corda por corda a luz ensaiou do dia remoto
sua voz, a cor das letras do dia,
e do seu fragrante recinto voava a aurora
derrubando o orvalho e abrindo os olhos da Europa.

TU ENTRE OS QUE PARECIAM ESTRANHOS

Tu, clara e escura, Matilde morena e dourada,
parecida com trigo e com vinho e com pão da pátria,
ali nos caminhos abertos por reinos depois devorados,
fazias cantar teus quadros e parecias, antiga e terrestre
araucana,
com a ânfora pura que ardeu com o vinho naquela comarca
e te conhecia o azeite insigne das caçarolas
e as papoulas crescendo no pólen de antigos arados
te reconheciam e balançavam
bailando em teus pés rumorosos.

Porque são os mistérios do povo ser um e ser todos
e igual é tua mãe campestre que jaz nas gredas de Ñuble
à rajada etrusca que move as tranças tirrenas
e tu és um cântaro negro de Quinchamalí ou de Pompeia
erigido por mãos profundas que não têm nome:
por isso ao beijar-te, amor meu, e apertar com meus lábios
tua boca,
em tua boca me deste a sombra e a música do barro terrestre.

OS SONHOS

Irmã da água empenhada e de suas adversárias
as pedras do rio, a argila evidente, a tosca madeira;
quando levantavas sonhando a fronte na noite de Capri
caíam espigas de tua cabeleira, e em meu pensamento
voava o hipnótico enxame do campo do Chile;
meu sonho desviava seus trens para Antofagasta;
entravam chovendo na alva de Pillanlelbún,
ali onde o rio recolhe o cheiro do velho curtume
e a chuva salpica o recinto dos derrubados.

A NOSTALGIA

Daquelas aldeias que cruzam o inverno e as ferrovias
invicto saía apesar dos anos meu escuro relâmpago
que ainda ilumina as ruas adversas onde se uniram o frio
e a lama como as duas asas de uma ave terrível:
agora ao chegar à minha vida teu aroma escarlate
tremeu minha memória na sombra perdida como se no
bosque
rompesse um elétrico canto a palpitação da terra.

O DESTERRO

Porque, bem-amada, é o homem que canta o que morre
morrendo sem morte
quando já não tocaram seus braços as originárias tormentas,
quando já não queimaram seus olhos os intermitentes
conflitos natais
ou quando a pátria evasiva negou ao desterrado sua taça de
amor e aspereza
não morre e morre quem canta, e padece morrendo e
vivendo o que cantas.

A DOCE PÁTRIA

A terra, minha terra, meu barro, a luz sanguinária do orto
vulcânico
a paz claudicante do dia e a noite dos terremotos,
o boldo, o loureiro, a araucária ocupando o perfil do planeta,
o pastel de milho, a corvina saindo do forno silvestre,
o pulsar do condor subindo na ascética pele da neve,
o colar dos rios que ostentam as uvas de lagos sem nome,
os patos selvagens que emigram para o polo magnético
riscando o crepúsculo dos litorais,
o homem e sua esposa que leem após a comida novelas
heroicas,
as ruas de Rengo, Rancágua, Renaico, Lancoche,
a fumaça do campo no outono perto de Quirihue,
ali onde minha alma parece uma pobre guitarra que chora
cantando e caindo a tarde nas águas escuras do rio.

O AMOR

Te amei sem por quê, sem de onde, te amei sem olhar, sem
medida,
e eu não sabia que ouvia a voz da férrea distância,
o eco chamando à greda que canta pelas cordilheiras,
eu não supunha, chilena, que tu eras minhas próprias raízes,
eu sem saber como entre idiomas alheios li o alfabeto
que teus pés miúdos deixavam andando na areia
e tu sem tocar-me acudias ao centro do bosque invisível
a marcar a árvore de cuja casca voava o aroma perdido.

RESSURREIÇÕES

Amiga, é teu beijo quem canta como um sino na água
da catedral submergida por cujas janelas
entravam os peixes sem olhos, as algas viciosas,
embaixo no lodo do lago Llanquihue que adora a neve,
teu beijo desperta o som e propaga para as ilhas do vento
uma encubação de nenúfar e sol submarino.
Assim do letargo cresceu a corrente que nomeia as coisas:
teu amor sacudiu os metais que afundou a catástrofe,
teu amor amassou as palavras, dispôs a cor da areia,
e levantou no abismo a torre terrestre e celeste.

O CANTO

A torre do pão, a estrutura que o arco constrói na altura
com a melodia elevando sua fértil firmeza
e a pétala dura do canto crescendo na rosa,
assim tua presença e tua ausência e o peso de tua cabeleira,
o fresco calor do teu corpo de aveia na cama,
a pele vitoriosa que tua primavera dispôs ao lado

de meu coração que golpeava na pedra do muro,
o firme contato de trigo e de ouro de teus ensolarados quadris,
tua voz derramando doçura selvagem como uma cascata,
tua boca que amou a pressão dos meus beijos tardios,
foi como se o dia e a noite cortassem seu nó mostrando
entreaberta
a porta que une e separa a luz da sombra
e pela abertura assomasse o distante domínio
que o homem buscava furando a pedra, a sombra, o vazio.

PODERES

Talvez o amor restitui um cristal quebrantado no fundo
do ser, um sal espargido e perdido
e aparece entre sangue e silêncio como a criatura
o poder que não impera senão dentro do gozo e da alma
e assim neste equilíbrio poderia fundar uma abelha
ou encerrar as conquistas de todos os tempos em uma
papoula,
porque assim de infinito é não amar e esperar à beira de
um rio redondo
e assim são transmutados os vínculos no mínimo reino
recém-descoberto.

REGRESSO

Amor meu, no mar navegamos de volta à raça,
à herança, ao vulcão e ao recinto, ao idioma adormecido
que nos saía pela cabeleira nas terras alheias:
o mar palpitava como uma nutriz repleta,
os seios atlânticos sustêm o mínimo navio dos passageiros
e apenas sorriem os desconhecidos bebendo substâncias
geladas,

trombones e missas e máscaras, comidas rituais, rumores,
cada um se amarra a seu olvido com sua predileta corrente
e os cochichos do dissimulado de orelha furtiva
o cesto de ferro nos leva apalpando e cortando o oceano.

OS NAVIOS

Como no mercado se atiram ao saco carvão e cebolas,
álcool, parafina, batatas, cenouras, bifes, azeite, laranjas,
o navio é a vaga desordem onde caíram
melífluas robustas, famintos tafuis, popes, mercadores;
às vezes decidem olhar o oceano que tem se detido
como um queijo azul que ameaça com olhos espessos
e o terror do imóvel penetra na fronte dos passageiros;
cada homem deseja gastar os sapatos, os pés e os ossos
mover-se no seu horrível infinito até que já não exista.
Termina o perigo, a nave circula na água do círculo
e longe assomam as torres de prata de Montevidéu.

DATITLA

Amor, bem-amada, na luz solitária e na areia do inverno
recordas Datitla? Os pinheiros escuros, a chuva uruguaia
que molha o grasnido
dos bem-te-vis, a súbita luz da natureza
que crava com raios a noite e a enche de pálpebras rotas
e de foguetadas e supersticiosos relâmpagos verdes
até que cegos pelo resplendor de seus livros elétricos
dávamos voltas em sonhos que o céu perfurava e cobria.

Os Mántaras foram presença e ausência, arvoredo invisível
de frutos visíveis, a casa copiosa da solidão,
os códigos de amigo e amiga punham sua marca no muro

com o natural generoso que envolve na flor a ambrosia
ou como no ar sustém seu voo noturno
a estrela brunida e brilhante afirmada em sua própria pureza
e ali o aroma espargido nas baixas ribeiras
tu e eu recolhemos mentrastos, oréganos, menzelia, espadanas:
o herbário interregno que só o amor recupera nas costas do
mundo.

A AMIZADE

Amigos, oh todos, Albertos e Olgas de toda a terra!
Não escrevem os livros de amor a amizade do amigo ao amor,
não escrevem o dom que suscitam e o pão que outorgaram
ao amante errante,
esqueça o sortilégio olhando os olhos de puma de sua
bem-amada
que mãos amigas lavraram madeiras, elevaram estacas
para que enlaçassem em paz sua alegria os dois errabundos.
Injusto ou tardio tu e eu inauguramos Matilde no livro do
amor
o capítulo aberto que indica ao amor o que deve
e aqui se estabelece com mel a amizade verdadeira:
a dos que acolhem na felicidade sem empalidecer de
nevralgia
e elevam a taça de ouro em honra da honra e do amor.

LA CHASCONA*

A pedra e os pregos, a tábua e a telha se uniram: eis aqui
levantada
a casa enredada com água que corre escrevendo em seu
idioma,
as sarças guardavam o sítio com sua sanguinária ramagem
até que a escada e seus muros souberam teu nome
e a flor encrespada, a vide e seu alado pingente,
as folhas de figueira que como estandartes de raças remotas
erguiam suas asas escuras sobre tua cabeça,
o muro de azul vitorioso, o ônix abstrato do solo,
teus olhos, meus olhos, estão derramados em rocha e madeira
por todas as partes, os dias febris, a paz que constrói
e continua ordenada a casa com tua transparência.

Minha casa, tua casa, teu sonho em meus olhos,
teu sangue continuando o caminho do corpo que dorme
como uma pomba fechada em suas asas imóvel persegue
seu voo
e o tempo recolhe em sua taça teu sonho e o meu
na casa que apenas nasceu das mãos despertas.
A noite encontrada por fim na nave que construímos,
a paz de madeira cheirosa que continua com pássaros,
que segue o sussurro do vento perdido nas folhas
e das raízes que comem a paz suculenta do húmus
enquanto sobrevém sobre mim adormecida a lua da água
como uma pomba do bosque do Sul que dirige o domínio
do céu, do ar, do vento sombrio que te pertence,
adormecida, dormindo na casa que fizeram tuas mãos,

---

* *La Chascona*: a emaranhada, a enredada, nome dado à casa do poeta em Santiago. (N.T.)

delgada no sonho, no germe do húmus noturno
e multiplicada na sombra como o crescimento do trigo.

Dourada, a terra te deu a armadura do trigo,
a cor que os fornos cozeram com barro e delícia,
a pele que não é branca nem é negra nem vermelha nem
verde,
que tem a cor da areia, do pão, da chuva,
do sol, da pura madeira, do vento,
tua carne cor de sino, cor de alimento fragrante,
tua carne que forma a nave e encerra a onda!

De tantas delgadas estrelas que minha alma recolhe na noite
recebo o orvalho que o dia converte em cinza
e bebo a taça de estrelas defuntas chorando as lágrimas
de todos os homens, dos prisioneiros, dos carcereiros,
e todas as mãos me buscam mostrando uma chaga,
mostrando a dor, o suplício ou a brusca esperança,
e assim sem que o céu e a terra me deixem tranquilo,
assim consumido por outras dores que mudam de rosto,
recebo no sol e no dia a estátua de tua claridade
e na sombra, na lua, no sonho, o racimo do reino,
o contato que induz meu sangue a cantar na morte.

O mel, bem-amada, a ilustre doçura da viagem completa
e ainda, entre longos caminhos, fundamos em Valparaíso
uma torre,
por mais que em teus pés encontrasse minhas raízes perdidas
tu e eu mantivemos aberta a porta do mar insepulto
e assim destinamos à La Sebastiana o dever de chamar os
navios

e ver sob a fumaça do porto a rosa incitante,
o caminho cortado na água pelo homem e suas mercadorias.

Mas azul e rosado, roído e amargo entreaberto entre suas
teias de aranha,
eis aqui, sustentando-se em fios, em unhas, em trepadeiras,
eis aqui vitorioso, andrajoso, cor de sino e mel,
eis aqui vermelhão e amarelo, purpúreo, prateado, violeta,
sombrio e alegre, secreto e aberto como uma melancia
o porto e a porta do Chile, o manto radiante de Valparaíso,
o sonoro estupor da chuva nos cerros carregados de
padecimentos
o sol resvalando no escuro olhar, nos olhos mais belos do
mundo.

Eu te convidei para a alegria de um porto agarrado à fúria
do alto marulho,
metido no frio do último oceano, vivendo em perigo,
formosa é a nave sombria, a luz vesperal dos meses antárticos,
a nave de teto amaranto, o punhado de velas ou casas ou vidas
que aqui se vestiram com trajes de honra e bandeiras
e se sustiveram caindo no terremoto que abria e fechava o
inferno,
tomando ao fim pela mão os homens, os muros, as coisas,
unidos e desvencilhados no estertor planetário.

Cada homem contou com suas mãos os bens funestos, o rio
de suas extensões, sua espada, sua rédea, seu gado,
e disse à esposa "Defende teu páramo ardente ou teu campo
de neve"
ou "Cuida da vaca, dos velhos teares, da serra ou do ouro".

Muito bem, bem-amada, é a lei dos séculos que foram
atando-se
dentro do homem, em um fio que atava também suas cabeças:
o príncipe jogava as redes com o sacerdote enlutado,
e enquanto os deuses calavam, caíam no cofre moedas
que ali acumularam a ira e o sangue do homem nu.

Por isso, erigida a base e abençoada por corvos escuros
subiu o interesse e dispôs na peanha seu pé mercenário,
depois à Estátua impuseram medalhas e música,
jornais, rádios e televisores cantaram a loa do Santo Dinheiro,
e assim até o provável, até quem não pode ser homem,
o manumitido, o nu e faminto, o pastor lacerado,
o empregado noturno que rói em trevas seu pão disputado
aos ratos,
acreditaram que aquele era deus, defenderam a Arca suprema
e se sepultaram no humilhado indivíduo, cansados de
orgulho emprestado.

VIAJANTES

Recordo a fina cinza celeste que se desprendia
caindo em teus olhos, cobrindo a veste celeste,
azul, extrazul azulado era o céu desnudo
e o ouro era azul nos seios sagrados com que Samarkanda
entornava suas taças azuis sobre tua cabeça
dando-te o prestígio de um vento enterrado que volta à vida
derramando presentes azuis e frutos de pompa celeste.

Eu escrevo a lembrança, o recente viajante, a perdida
homenagem
que minha alma traçou navegando as duras regiões

em que se encontraram os séculos mais velhos, cobertos
de pó e de sangue,
com a irrigação florescente das energias:
tu sabes, amor, que pisamos a estepe recém-entregada ao
cravo;
recém amassavam o pão os que ordenam que cantem as
águas;
recém se deitavam ao lado do rio inventado por eles
e vimos chegar o aroma depois de mil anos de ausência.

Acordo na noite, acordas de noite, perdido na paz cinzenta
daquelas cidades que tombam a tarde com torres de ouro
e em cima cachos de mágicas cúpulas onde a turquesa
forjou um hemisfério secreto e sagrado de luz feminina
e tu no crepúsculo, perdida em meu sonho repetes
com dois cereais dourados o sonho do céu perdido.

O novo que traçam os homens, o riso do claro engenheiro
que deu-nos a provar o produto orgulhoso nascido na
estepe maldita
talvez esqueçamos tecendo no sonho a continuidade do
silêncio
porque assim determina o viajante que aquela cinza sagrada,
as torres de guerra, o hotel dos deuses calados,
tudo aquilo que ouviu os galopes guerreiros, o grito
do agonizante enredado na cruz ou na roda,
tudo aquilo que o tempo acendeu com sua lâmpada e depois
tremeu no vazio e gastou a corrente infinita de outonos e luas
parece no sonho mais vivo que todos os vivos
e quando este ovo, este mel, este hectare de linho,
este assado de reses que pastam as novas pradarias,

este canto de amor kolkosiano na água que corre
parecem irreais, perdidos no meio do sol de Bukhara,
como se a terra sedenta, violada e nutritiva,
quisesse estender o mandato, e o punho vazio
de cúpulas, tumbas, mesquitas, e de seu esplendor angustiado.

Primeiro Episódio:

TERREMOTO NO CHILE

O NAVIO caminha na noite sem pés resvalando
na água sem fundo nem forma, na abóbada negra do mundo,
nas pobres cabinas o homem resolve suas mínimas normas,
a roupa, o relógio, o anel, os livros sangrentos que lê:
o amor escolheu seu esconderijo e a sombra entrelaça
um férreo relâmpago que cai frustrado no vazio
e em plena substância impassível resvala o navio
com um carregamento de pobres desnudos e mercadorias.

Ali, no começo da primavera marinha,
quando a ave assustada e faminta persegue a nave
e no sal aprazível do céu e da água aparece o aroma
do bosque da Europa, o cheiro da menta terrestre,
soubemos, amada, que o Chile sofria quebrado por um
terremoto.
Deus meu, tocou o sino a língua do antepassado na minha boca,
outra vez, outra vez o cavalo iracundo pateia o planeta
e escolhe a pátria delgada, a beira do páramo andino
a terra que deu em sua angustura a uva celeste e o cobre
absoluto
outra vez, outra vez a ferradura no rosto
da pobre família que nasce e padece outra vez o espanto e
a greta,
o solo que separa os pés e divide o volume da alma
até fazê-la um lenço, um punhado de pó, um gemido.
Talvez és, Chile, a cauda do mundo, o cometa marinho

apenas colado ao assombro nevado da cordilheira
e o passo instantâneo de um átomo solto na veia magnética:
treme tua sombra de âmbar e tua geologia
como se o rechaço do Polo ao ímã de tuas vinhas azuis
fizesse o conflito, e tua essência, outra vez derramada,
outra vez deve unir sua desgraça e sua graça e nascer outra vez.

Pelos muros caídos, o pranto no triste hospital,
pelas ruas cobertas de escombros e medo,
pela mina que forma a sombra às doze do dia,
pela ave que voa sem árvore e o cachorro que uiva sem
olhos,
pátria de água e de vinho, filha e mãe de minha alma,
deixa-me confundir-me contigo no vento e no pranto
e que o mesmo iracundo destino aniquile meu corpo e
minha terra.

Oh sem par formosura do Norte deserto,
a areia infinita, os rastros metálicos dos meteoros,
a sombra cortando o desenho de sua geografia violeta
na clara paciência do dia vazio como uma basílica
na que estiveram sentadas as pedras caídas desde outro
planeta:
a seu redor as colinas de colo irisado esperando e mais tarde
as estrelas mais frescas do mundo palpitam tão perto
que cheiram à sombra, a jasmim, à neve do céu.

Oh pampas desnudos, capítulos cruéis que só percorrem
os olhos do *ceibo**,

---

* *Ceibo*: árvore das leguminosas, de altura mediana, madeira tenra e pouco resistente, de vistosa flor carmim, que é a flor nacional da Argentina e do Uruguai. (N.T.)

sem par é o nome do homem que cava na porta maldita
e rompe deixando suas mãos nos cemitérios
a crosta do astro escondido, nitrato, sulfato, bismuto,
e acima na neve deserta de cruzes a altura eriçada,
a entrega através de seu sangue o sangue maligno do cobre,
sem par é o nome do homem e modesto é seu suave costume,
se chama chileno, está acima e abaixo no fogo, no frio,
não tem outro nome e isso lhe basta, não tem sobrenome,
se chama também areal ou salitre ou quebranto
e somente se olhas suas mãos amargas saberás que é meu
　　　　irmão.

Rosales, Ramírez, Machucas, Sotos, Aguileras,
Quevedos, Basoaltos, Urrutias, Ortegas, Navarros, Loyolas,
Sánchez, Pérez, Reyes, Tapias,
Conejeros, González, Martínez,
Cerdas, Montes, López, Aguirres, Morenos, Castillos,
Ampueros, Salinas, Bernales, Pintos, Navarretes,
Núñez, Carvajales, Carillos, Candias, Alegrías,
Parras, Rojas, Lagos, Jiménez, Azócares,
Oyarzunes, Arces, Sepúlvedas, Díaz,
Álvarez, Rodríguez, Zuñigas, Pereiras, Robles, Fuentes, Silvas,
nomes que são homens ou grãos de pólvora ou trigo,
estes são os nomes que assinam as páginas da primavera,
do vinho, do duro torrão, do carvão, do arado,
estes são os nomes de inverno, dos escritórios, dos
　　　　ministérios,
nomes de soldados, de agrários, de pobres e muitos, de
　　　　entrada cedo
e saída aberta na sombra sem glória e sem ouro:
a estes pertenço e agora na noite de alarma, tão longe

no meio do mar, na noite, os chamo e me chamo;
quem cai cai em mim, o ferido me fere, o que morre me
mata.

Oh pátria, formosura de pedras, tomates, peixes, cereais,
abelhas, tonéis,
mulheres de doce cintura que inveja a lua minguante,
metais que formam teu claro esqueleto de espada,
aromas de assados de inverno com luz de guitarras noturnas,
perais carregados de mel cheiroso, cigarras, rumores
de estio repleto como os canastros das chacareiras,
oh amor de rocio do Chile em minha fronte, destrói este
sonho de ira,
devolve-me intacta minha pátria pequena, infinita, calada,
sonora e profunda!

Oh ramos do Sul quando o trem deixou para trás os limões
e segue para o Sul galopando e ofegando rolando para o Polo,
e passam os rios e entram os vulcões pelas janelinhas
e um cheiro de frio se estende como se a cor da terra
mudasse e minha infância
tomasse seu poncho molhado para percorrer os caminhos
de agosto.

Recordo que a folha quebrada *do peumo** em minha boca
cantou uma toada
e o cheiro do *raulí*** enquanto chove se abriu como uma arca

* *Peumo* (do araucano peuma): árvore andina das lauráceas (*Criptocaria peumus*), de madeira muito apreciada, folhas que ao serem mastigadas exalam um eflúvio anestesiante. (N.T.)

** *Raulí* (Argentina e Chile): árvore gigante das fagáceas (*Nothofagus procera*), de madeira muito apreciada. (N.T.)

e todos os sonhos do mundo são um arvoredo
por onde caminha a lembrança pisando as folhas.

Ai canta guitarra do Sul na chuva, no sol lancinante
que lambe os carvalhos queimados pintando-lhes asas,
ai canta, racimo de selvas, a terra empapada, os rápidos rios,
o inabarcável silêncio da primavera molhada,
e que tua canção me devolva a pátria em perigo:
que corram as cordas do canto no vento estrangeiro
porque meu sangue circula no meu canto se cantas,
se cantas, oh pátria terrível, no centro dos terremotos
porque assim necessitas de mim, ressurgida,
porque canta tua boca em minha boca e só o amor ressuscita.

Não sei se morrestes e se morri: esperando sabê-lo te
canto este canto.

Segue a Barcarola:

OS INVULNERÁVEIS

Tua mão em meus lábios, a segurança do teu rosto,
o dia do mar na nave fechando um circuito
de grande distância atravessada por aves perdidas,
oh amor, amor meu, com que pagarei, pagaremos a espiga
ditosa,
os ramos de glória secreta, o amor de teu beijo em meus
beijos,
o tambor que anunciou ao inimigo minha longa vitória,
a calada homenagem do vinho na mesa e o pão merecido
pela honestidade de teus olhos e a utilidade de meu ofício
indelével:
a quem pagaremos a felicidade, em que ninho de espinhos
esperam os filhos covardes da aleivosia,
em que esquina sem sombra e sem água os ratos peludos
do ódio
esperam com baba e punhal a dívida que cobram ao mundo?

Guardamos tu e eu a florida mansão que a onda estremece
e no ar, na nave, na luz do conflito terrestre,
a firmeza de minha alma elevou sua estrelada estrutura
e tu defendeste a paz do racimo incitante.
Está claro, igual aos álveos da cordilheira que trepidam
abrindo caminho sem trégua e sem trégua cantando,
que não dispusemos mais de armas que aquelas que a água
dispôs
na serenata que desce rompendo a rocha,

e puros na intransigência da catarata inocente
cobrimos de espuma e silêncio o covil venenoso
sem mais interesse que a aurora e o pão
sem mais interesse que teus olhos escuros abertos em
        minha alma.

Oh doce, oh sombria, oh chuvosa e ensolarada paixão
        destes anos,
arqueado teu corpo de abelha em meus braços marinhos,
sentimos cair o desgosto do desmesurado, sem medo,
como uma laranja na taça do vinho de Outono.

É agora a hora e ontem é a hora e amanhã é a hora:
mostremos saindo ao mercado a felicidade implacável

e deixa-me ouvir que teus passos que trazem a cesta de
        pão e perdizes
sonham entreabrindo o espelho do tempo distante e presente
como se levasses em vez do canastro selvático
minha vida, tua vida, o loureiro com suas folhas agudas e o
        mel dos invulneráveis.

Segundo Episódio:

SERENATA DE PARIS

FORMOSA é a Rua da Huchette, pequena como uma romã
e opulenta em seu pobre esplendor de vitrine andrajosa:
ali entre os beatniks barbudos neste ano do sessenta e cinco
tu e eu transmigrados de estrela vivemos felizes e surdos.
Faz bem quando longe tremia e chovia na pátria
descansar uma vez na vida fechando a porta ao lamento,
suportar com a boca apertada a dor dos teus que é tua
e enterrar a cabeça na luz madurando o racimo do pranto.

Paris guarda em seus tetos tortos os olhos antigos do tempo
e em suas casas que apenas sustentam as vigas externas
há lugar de alguma maneira invisível para o caminhante,
e ninguém sabia que aquela cidade te esperava algum dia
e apenas chegaste sem língua e sem ganas soubeste sem
    que ninguém te dissesse
que estava teu pão na padaria e teu corpo podia sonhar em
    sua orla.

Cidade vagabunda e amada, coroa de todos os homens,
    diadema radiante, sargaço de *rotiserías**,
não há um só dia em teu rosto, nem uma folha de outono
    em tua copa:
és nova e renasces de guerra e lixo, de beijos e sangue,

---

* *Rotisería* (do francês *rôtisserie*): casa de comércio especializada em venda de carnes assadas, fiambres e outros frios, bebidas e comestíveis em geral. (N.T.)

como se em cada hora milhões de adeuses que partem
e de olhos que chegam te fossem fundando, assombrosa
e o pobre viajante assustado de repente sorri acreditando
que o reconheces,
e em tua indiferença se sente esperado e amado
até que mais tarde não sabe que sua alma não é sua
e que teus costumes de fumaça guiavam seus passos
até que uma vez em seu espelho o olha a morte
e em seu enterro Paris continua caminhando com passos
de criança,
com asas aéreas, com águas do rio e do tempo que nunca
envelhecem.

SOLIDÃO

Viajante, estou só na Rua da Huchette. É manhã.
Nem um só vestígio de ontem ficou colado nos muros.
Prepara-se o depois de amanhã na noite ruidosa
que passa enredada na névoa que sobe das cabeleiras.
Há um vago silêncio apoiado por uma guitarra tardia.
E compreendo que nesta minúscula ruela tortuosa
alguém toca a rebater o metal invisível
de um agudo sino que estende na noite seu círculo
e no mapa redondo baixando a vista descubro
caminhos de formiga que vêm sulcando o outono e os
mares
e vão deslizando figuras que caem do mapa da Austrália,
que descem da Suécia nos trens da madrugada deserta,
pequenos caminhos de inseto que perfuram o ar e a terra
e que se desprenderam da Espanha, da Escócia, do Golfo
do México,
tradeando buracos que tarde ou cedo penetram a terra

e aqui à meia-noite destapa a noite seu frio orifício
e assoma a fronte de algum colombiano que amarra no cinto
tua velha pistola e a louca guitarra dos guerrilheiros.
Talvez Aragón junto a Elsa estendeu o arquipélago
de seus sonhos povoados por amplas sereias que penteiam
a música
e sobre a Rua de Varennes uma estrela, a única do céu vazio,
abre e fecha suas pálpebras de diamante e platina,
e mais longe o traje fragrante da França se guarda em uma
arca
porque dormem as vinhas e o vinho nos barris prepara
a saída do sol, professor de francês no céu.

Para Menilmontant, nos meus tempos, para os acordeões
do ano de milnovecentosevinte acudíamos: era sério o
encontro
com a malandragem de guimba na boca e brutal aparência.
Eu dancei com Friné Lavatier, com Marise e com quem?
Ah com quem? Fogem-me os nomes do baile
mas continuo dançando a "java" no impuro subúrbio
e viver era então tão fácil como o pão que se come nos trens,
como andar no campo assobiando, festejado pela primavera.

VALLEJO

Mais tarde na Rua Delambre com Vallejo bebendo calvados
e cerveja nos copos imensos da Rua Alegria,
porque então meu irmão tinha alegria no copo
e levantávamos juntos a felicidade de um minuto que ardia
no ar
e que se apagaria em sua morte deixando-me cego.

CREVEL

Ou talvez aqui devo recordar que canto
quando desço do trem em Bordéus e compro um jornal
e a linha mais negra levanta um punhal e me fere:
Crevel tinha morrido, dizia a linha, no forno de gás, sua
cabeça,
sua cabeça dourada, riçada no forno como o pão para um rito,
e eu que vinha da Espanha porque ele me esperava
ali na plataforma de Bordéus lendo o punhal
com que a França acolhia minha viagem naquela estação,
no frio.

Passa o tempo e não passa Paris, se te caem
os cabelos, as folhas à árvore, os soldados ao ódio,
e na Catedral os apóstolos reluzem com a barba fresca,
com a barba fresca de morangueiro da França fragrante.
Mesmo que a desventura galope a teu lado golpeando o
tambor da morte
a rosa murcha te oferece sua taça de líquido impuro
e a multidão de pétalas que ardem sem rumo na noite
até que a rosa tomou com o tempo entre os automóveis
sua cor de cinza queimada por bocas e beijos.

ILHA

Amor meu, na Ilha Saint-Louis escondeu-se o outono
como um urso de circo, sonâmbulo, coroado pelos guizos
que caem do plátano, em cima do rio, chorando:
cruzou o crepúsculo a Ponte do Arcebispado,
pé ante pé, detrás da Igreja que mostra suas graves costelas,
e tu e eu regressamos de um dia que não teve nada

a não ser esta dor e este amor disperso nas ruas,
o amor de Paris ataviado como uma estação cinzenta,
a dor de Paris com sua faixa de pranto enrolada à sua
insigne cintura
e esta noite, fechando os olhos, guardaremos um dia como
uma moeda
que já não se aceita na loja, que brilhou e consumou seu
tesouro:
estendidos, caídos no sono, seguindo o imóvel caminho,
com um dia a mais ou a menos que agregou a teu vestuário
um fulgor de ouro inútil que, sem dúvida, ou talvez, é a
vida.

Segue a Barcarola:

REGRESSO

Ardente é voltar à espuma que acossa minha casa, ao vazio
que deixa o oceano depois de entregar sua carreta de tro-
vões,
tocar outra vez com o sangue a rajada de frio e salmoura
que morde a beira do Chile aventando a areia amarela.

É azul regressar à terra escolhida durante o combate,
levantar a bandeira de um homem sem reino
e esperar da luz uma rede que aprisione a trêmula prata
dos peixes escuros que povoam o pélago puro.

É eterno comer outra vez com o vinho ancestral no copo
a carne enrolada, os tomates de Janeiro com a linguiça,
a pimenta cuja fresca fragrância te ataca e te morde,
e a esta hora de sol as *humitas** de sal e delícia
desenroladas de suas folhas de ouro como virgens no
sacrifício.

---

* *Humita* (do quíchua): massa composta de milho verde ralado, misturado com cebola, alho, tomate, queijo, pimenta e outros condimentos que, dividida em partes e enrolada em folhas verdes de espiga de milho, se cozinha em água e depois se assa na brasa. Nos países de influência quíchua, é o equivalente ao *tamal* mexicano. (N.T.)

ESTOU LONGE

É minha a hora infinita da Patagônia,
galopo estendido no tempo como se navegasse,
atravesso os tenros rebanhos trocando de passo
para não ferir as nuvens de espessa roupagem,
a estepe é celeste e cheira o espaço a sino,
à neve e a sol macerados no pasto pobre:
gosto da terra sem habitações, o peso do vento
que busca meu peito curvando a ramagem de minha alma.

De onde caí? E como se chama o planeta que soa como o
alumínio
sob as pisadas de um pobre viajante afogado no amplo
silêncio?
E busco no rumo sem rumo da oceania terrestre
seguindo as pegadas apagadas das ferraduras,
enquanto sai a lua como o pão da boca de um forno
e se vai pelo campo amarrada ao cavalo mais lento do céu.

Oh anel espaçoso que move contigo seu círculo de ouro
e que, caminhando, te leva em seu centro sem abandonar-te,
quantas sombras trocaram hostis estilos de espinhos
queimantes
enquanto tu continuavas no centro do cinzento hemisfério
ou a raposa de pés invisíveis que deslizou resvalando no frio
ou a luz que trocou de bandeira depois de beijar teu cavalo,
ou a folhagem entendida em desditas que aceita tua ausência
ou o póstumo colibri que acendeu seu pequeno relógio de
turquesa no braço das solidões
ou o trovão que se desenvolve rolando em sua própria
morada

ou os avestruzes de pés militares e olhos de colégio
ou, mais pura que tudo, a terra e suas respirações,
a terra que mostra sua pele de planeta, seu couro de
amargo cavalo,
a terra terrestre com o rastro extirpado de alguma fogueira,
sem enfermidades, sem homens, sem ruas, sem pranto
nem morte,
com o vento ilustre que limpa de noite e de dia a natureza
e brunhe a hirsuta medalha da tempestuosa pradaria
das patagônias nutridas pela solidão e pelo orvalho.
É dentro, no vazio ou na sombra, na torre angustiada,
que busquei e te encontrei suspirando, bem meu,
foi uma hora em que todo o baluarte tremeu, moribundo,
e no meu peito a dúvida e a morte voavam nuas:
amor meu, cereja, guitarra da primavera,
que doce teu colo desviando as flechas do padecimento
e tua retidão de figura de proa no vento salgado que impõe
seu rosto ao navio.

Amada, não foi em extensões e costas, não foi em eriçadas
areias,
não foi tua chegada a um castelo rodeado pela geografia,
mas a uma catástrofe pobre que apenas concerne ao
viajante,
a uma greta que multiplicava punhais em minha desventura,
e assim tua saúde vitoriosa inclinando-se sobre o caminho
encontrou minha dor e arrancou as espadas daquela agonia.

Oceana, outra vez com seu nome de onda visito o oceano
e vivente e dormente ao meu lado na luz implacável de
Janeiro

não sabemos sofrer, olvidamos a pedra enlutada
que pesou sobre um ano incitando meu peito a pulsar
como um agonizante.

Troquei tantas vezes de sol e de arte poética
que ainda estava servindo de exemplo em cadernos de
melancolia
quando já me inscreveram nos novos catálogos dos otimistas,
e apenas tinham-me declarado escuro como boca de lobo
ou de cão
denunciaram à polícia a simplicidade de meu canto
e mais de um encontrou profissão e saiu a combater meu
destino
em chileno, em francês, em inglês, em veneno, em calúnia,
em sussurro.

Aqui levo a luz e a estendo para o meu companheiro.

A luz brusca do sol na água multiplica pombas, e canto.

Será tarde, o navio entrará nas trevas, e canto.

Abrirá sua adaga a noite e eu durmo coberto de estrelas.
E canto.

Chegará a manhã com sua rosa redonda na boca.
E eu canto.

Eu canto. Eu canto. Eu canto. Eu canto.

REGRESSO

Ontem regressamos cortando o caminho da água, do ar e a
neve
e ao aterrissar na palma, na mão do Chile,
vagamente inquietos da permanência em confins distantes,
abrumadamente adormecidos ainda no sonho do voo
sem tocar apenas nem reconhecendo a terra temível e amada,
veio a bondade com seu traje cinza e a imóvel grandeza
que ninguém conhece
e tive à minha vista a estrela que te reconhece
e assim com valises que apenas tocavam os dedos dos
aduaneiros,
rodeados por três automóveis de amigos amados,
entrei com Matilde na sala dos candelabros do mundo,
em minha pátria pequena que acende suas velas vulcânicas
entre o esplendor das neves intactas e o coro da água marinha.

Oh pátria, ao beijar tua cintura de vespa vulcânica,
ao erguer o olhar a teus cerros de pálpebras negras
e descer a beijar na areia do mar a andrajosa formosura
de teus pés maltratados que sobem e descem pelas
cordilheiras,
recebi de repente o cheiro da costa marinha
e quanta dor iracunda esmagou meus pequenos irmãos,
misérias que matam com mãos mais duras que os
terremotos,
injustiça vertendo o sal na ferida, queimando a pedra da
alma,
tudo isso voou desprendido na rajada do mar majestoso,
do único oceano, da rosa gigante que se abre e se fecha na orla
perfumando tua hirsuta beleza com seus movimentos azuis.

Aqui está o estilo, sem dúvida, vejamos, salta! Suponho,
coração de papel, que minha nave cruzaste bailando à moda,
à moda de andar, à moda de ver, e é verdade que olhamos
com os olhos cambiantes e abrimos a porta com chaves
futuras,
mas aqui entre o matagal sacudido e a insólita névoa de
Janeiro
chamuscada a relva, sedenta a lua, sem sol e sem ninguém
a areia,
e o vaivém da onda que cava sua tumba infinita
e o cheiro extenso de sal soberano que se desenrola
como um episódio do frio, cantando com trovões,
aqui, onde encontro, pergunto, o conselho?
E é claro o leio na rajada, no rastro da ave *queltehue**,
na rouca advertência do mar, na noite que conta e que soma,
e nas cicatrizes abertas dos rochedos
pelas quebraduras do gelo de antigas catástrofes.

A borrasca que acende a espuma coroando o zênite do
marulho
me ensinou a limpar as escuras ferramentas de meu desvario,
me ensinou a estender e secar no vento a linhagem da
minha profecia,
e nestas rugas de pedra, na rocha quebrada pela eternidade
movediça,
achei um ninho recente de barro e de palha fragrante
como os ovos do mar e as asas da travessia.

---

* *Queltehue* (do araucano): ave pernalta do Chile, que habita os campos úmidos e que, domesticada, se tem nos jardins para destruir insetos nocivos. (N.T.)

De modo que um beijo sem nome com lábios de terra
ou um nome com lábios de sombra marinha ou mel da
costa selvagem
ou os surdos sussurros que indicam ao mês de Setembro
que a primavera enterrada começa a arranhar com suas
unhas o féretro
ou melhor o chuvoso chamado de um menino que tem
meu rosto
e que encontro nas dunas, perdido, e que não reconheço,
tudo isto, agregando o barril das más ações que voltam e
assustam,
ou o ramo de nardos inúteis que talvez apodreceu em uma
porta
sem que aquela à que foi destinado tocasse ou beijasse seu
aroma,
tudo isto é o livro, o manual de minha sabedoria;
e não posso aprender outras coisas porque chego da
desventura
e já descarreguei tantos sacos da cor amaranto na chuva
que só me fica uma hora para fazer-me feliz; é cedo,
é cedo e é tarde, é cedo: amanhece com lua
e no sol da noite recolho as melhores espigas do céu.

AMOR

Onde estás, oh pomba marinha que sob meus beijos caíste
ferida e selvagem na trêmula relva do Sul transparente,
ali onde move seus raios glaciais minha soberania,
garota campestre, amassada com barro e com trigo,
amante que ao mar galopando roubei com punhal, oh sereia,
e ao vulcão desafiei para amar-te trazendo sobre a sela

tuas crinas que o fogo tingiu elaborando sua chama
acobreada,
Amada, é tua sombra como a frescura que deixa o racimo
sobre o amarelo sino do vasto verão
e é o submerso calor de teu abraço em meu corpo
a resposta ao raio e ao calafrio de ouro que eu precipito.

Porque dos nupciais com uma cereja, com um só rio,
e uma só cama e uma só lua que o vento derruba sob a
pradaria
são duas claridades que fundem sobre suas cabeças o arco
do dia
e estrelam a noite com os minerais de seu desamparo,
com o desamparo do amor nu que rompe uma rosa e
constrói uma rosa,
e constrói uma rosa que vive, palpita, perece e renasce,
porque essa é a lei do amor e não sabe minha boca
senão falar sem falar com tua boca no fim e no começo de
tudo,
amorosa, meu amor, minha mulher deitada no trigo,
nas eras de Março, no barro da Araucânia.

Terceiro Episódio:

COROA DO ARQUIPÉLAGO PARA RUBÉN AZÓCAR

DO CHILE chegou a notícia mal-escrita por mão da Morte:
o melhor dos meus, meu irmão Rubén está imóvel
dentro de um nicho, na tumba mesquinha dos cidadãos.

Bem-amada, na hora do ar recolhe uma lágrima e leva-a
através do Atlântico negro à sua rude cabeça adormecida;
não me tragas notícias; não posso entender sua agonia:
ele deveria terminar como um tronco queimado na selva,
erguido na ilustre armadura de sua desarmada inocência.

Nunca vi outra árvore como esta, não vi no bosque
tal cortiça gigante riscada e escrita pelas cicatrizes:
o rosto de Azócar, de pedra e de vento, de luz macerada,
e sob a pele da estátua de couro e de pelo
o magnânimo mel que ninguém possui na terra.

Talvez no fundo da África, no meio-dia compacto,
uma flecha revela na ave que cai voando o esplêndido sal
da safira,
ou melhor o arpão baleeiro saindo sangrento da besta pura
tocou uma presença que ali preservava o aroma do âmbar:
assim foi em meu caminho meu irmão que agora chorando
recubro
com a mínima pompa que não necessitam seus olhos
adormecidos.

Assim foi por aquelas épocas felizes e malbaratadas
que descobri a bondade no homem, porque ele me ensinava,
abrindo sorrindo com sobrancelhas de árvore, o ninho de
abelhas invictas
que andava com ele sussurrando de noite e de dia
e então, a mim que saía da juventude invejosa e suprema,
tocando o peito coberto por sua abandonada jaqueta,
me deu a conhecer a bondade, e provei a bondade, e até agora
não tenho podido mudar a medida do homem em meu canto;
nunca mais aprendi senão aquilo que aprendi de meu
irmão nas ilhas.

Ele passeava em Boroa, em Temuco com um charlatão
agregado,
com um pobre ladrão de galinhas vestido de negro
que burlava, servil e silvestre, os fazendeiros:
era um cão avariado e roído pela enfermidade literária
que, graças a Nietzsche e a Whitman, se dissimulava ladrando
e meu pobre Rubén antagônico suportava o pedante
inclemente
até que o charlatão o deixou de refém no pobre hoteleco
sem dinheiro e sem roupa, em honra da literatura.

Meu irmão! Meu pobre leão das gredas amargas de Lota,
mineral, inflamado como os fulgores do raio na noite de
chuva,
meu irmão, recordo teus olhos atônitos ante o desacato
e tua pura pureza empenhada por um
espantalhovargasvilovante.
Nunca vi uns olhos tranquilos como em ti nesse instante
teus olhos

ao pesar o veneno do mundo e apartar com sombria inteireza
o punhal da dor, e seguir o caminho do homem.

Ai irmão, ai irmão de ciência escondida, ai irmão de todo
o inverno nas ilhas:
ai, irmão, comendo contigo feijão com milho verde recém-
separado
do marfim silencioso que educa o milho em suas lanças,
e depois os mexilhões saindo do mar arquipélago,
as ostras de Ancud, cheirosas à mitologia,
o vinho de inverno bebido sem trégua na chuva
e teu coração debulhando-se sobre o território.

Não é a vida que faz os homens, é antes,
é antes: remoto é o peso da alma no sangue;
os séculos azuis, os sonhos do bosque, os sáurios perdidos
na caravana, o terror vegetal do silêncio,
se agregaram a ti antes de nada, teceram com sombra e
madeira
o assombro da criança que te acompanhou pela terra.

Sei que no México bravio em um dia desértico esteve
tua cabeça angustiada, tua boca com fome, teu riso feito pó.

E não posso olvidar que ao cruzar o Peru te esqueceram
em um calabouço.
Enquanto no Panamá na maranha de umidade e raízes,
tu, sabendo que ali as serpentes tomavam o tórrido sol e
mordiam,
ali te estendeste para morrer de regresso às lianas, e então
um milagre salvou tua pele para nossa alegria.

Já se sabe que um dia em Cuba, transformado em donoso
donzel,
parodiaste com verso e donaire os exílios daquele Cavaleiro
que deixou à sua galante Madama uma recordação em um
cofre cheiroso
e se sabe que quando com flor na mão tua graça passeava
pelo equinócio da história hilariante e patética,
Fidel com sua barba e altura ficou assombrado ao ouvir-te
e olhar-te
e depois abraçando-te, com riso e delícia, baixou a cabeça,
porque entre uma batalha e outra não há louro que mais
cative o guerreiro
que tua generosa presença regalando a magia e o mel,
adorável palhaço, capitão da dissipação, redentor da
sabedoria.

Se contasse, se pudesse contar teus milagres, as histórias
que penduraste no colo do mundo como um colar claro:
dispuseste de um amplo desvão com navios
e bonecas, bonecos que te obedeciam logo que
se moviam tuas sobrancelhas povoadas por árvores negras.

Porque tu antes de ser o adivinho, escolheste teu reino,
tua pequena estatura, tua cabeça de rei araucano,
e de quanto mais nobre e mais firme encontraste no nada
construíste teu corpo e teu sonho, pequeno monarca,
agregando-lhe inúteis fibras que continuam brilhando
com o ouro enlutado de tua travessura grandiosa.

Às vezes olhando-te o cenho com que vigilavas meus passos,
temendo por mim como o pai do pai do pai do filho,

divisei em teu olhar uma antiga tristeza
e teria tido razão a tristeza em teus olhos antigos:
os próximos a ti não souberam venerar tua madeira celeste
e a miúdo puseram espinhos em tua cabeleira
e com lanças de ferro oxidado te cravaram na desventura.

Mas aquela água escura que certa vez encontrei em teu olhar
guardava o silêncio normal da natureza
e se tinham caído as folhas no fundo do poço em trevas
não apodreceram as folhas defuntas a cisterna de onde surgia
tua solene bondade florescida por um ramo indomável de
rosas.

Tenho o Ás! Tenho o Dois! Tenho o Três! cantarão e talvez
cantaremos;
cantarão, cantaremos na borda do vinho de Outubro;
cantaremos a inútil beleza do mundo sem que tu a vejas,
sem que tu, companheiro, respondas rindo e cantando,
cantando e chorando algum dia na nave ou melhor à beira
do mar das ilhas que amaste, marinheiro sonoro;
cantarão, cantaremos, e o bosque do homem perdido,
a bruma huaiteca, o lariço de peito implacável
te acompanharão, companheiro, em teu canto invisível.

Tenho o Ás! Tenho o Dois! Tenho o Três! Mas falta tu, irmão!
Falta o rei que se foi para sempre com o riso e a rosa na mão.

Segue a Barcarola:

OS ANOS

Vai o tempo baixando talvez em meu corpo, em teu corpo,
    uma rosa,
e como um termômetro a idade da rosa desce à terra;
é lenta e delgada a linha de sua inexorável estreiteza
e na transparência do dia caminha a sede na taça
e se vai minorando a chama do vinho em teu corpo;
a rosa que esteve na altura de tua cabeleira
infundindo a pompa fragrante da primavera
pendeu transbordando os olhos com água de espadas e
    relâmpagos de água-marinha,
pôs no nariz um tremor de adeio de voo na sombra
e o rastro que deixa o aroma veloz do veado na selva
tudo foi percebido, caçado, queimado e perdido:

a rosa duplica os lábios curiosos e ansiosos do enamorado,
levanta os peitos compactos das açucenas
e cresce a dura donzela como um obelisco
até derramar-se em carícias molhadas pelo embelezamento
e baixa a rosa no filho matando a mãe
e volta a brilhar seu fulgor na altura do homem que nasce,
até que no trânsito cai do sexo a rosa
e cambaleia a idade na noite do frio
até que a terra recolhe teu corpo que já não floresce.
Não conto a paisagem, não diga o viajante que eu o examino,
não diga que vejo através de seu corpo de vidro a idade
    que sustenta ou demole seus passos,

eu sou o distante que leva em suas veias sua vida e a minha
e se participo de sua alma compartilho com ele o outono
e no movimento estrelado das estações floridas
resguardo a parte da primavera que lhe corresponde.

Foi minha obrigação transparente viver outras vidas,
morrer outras mortes e ressuscitar entre gente que não me
conhece.

É esta a hora do mar circundante e pela janela compreendo
a água infinita que não me interessa. Sabei, companheiros,
que os pescadores de ouriços saíram e vejo sua mínima nave
tocar o penhasco de Ilha Negra distanciar-se bailando na
espuma
enquanto sobe e desce na onda um aziago debate:
a proa cai de bruços e cede o vazio
até que outra vez se estabelece na espuma seu nenúfar negro.

Desceu mascarado ao silêncio o que era Rodríguez
e agora com roupa de esqualo chama-se sigilo e ondula
buscando colado à pedra o calado organismo
que pulsa entreaberto colado à sua mãe infinita
até que a faca separe a vida e a pedra
e o homem regressa levando em um saco o molusco
sangrento.

UM DIA

Foi-se ontem, fez-se luz, fez-se fumaça, foi-se;
e outro dia compacto levanta uma lança no frio:
A quem falto? Que voz que não escuto me chama chorando
ou quem é o perdido no bosque com uma guitarra?
Talvez foge entre ramas molhadas o puma de pés amarelos
ou na rua San Diego, em Santiago do Chile, uma jovem vestida de hera
ao amar entrelaça seu abraço com aqueles jasmins amargos
que treparam em minha adolescência por minha voz quebrantando sacadas.

OS DIAS

Quem separa o ontem da noite e do hoje que emprenhava sua taça?
E que lâmina de água incessante ou de bronze roído ou de gelo
impediu que acudisse meu peito às chamas que me procriaram?
E quem sou? pergunto às ondas quando enfim naveguei sem navio
e pude me dar conta que o mar eu mesmo o levava nos olhos.
No entanto este dia que ardeu e consumiu sua distância
deixou para trás suas sombrias origens, olvidou a uterina treva,
e cresceu como a levedura levantando para cima os braços
até que desagregou a substância da luz que o favorecia,
e se foi separando do céu até que convertido outra vez em família da fumaça

se desfez na sombra que outra vez convertida em abelha
saía voando na luz de outro dia radiante e redondo.

RESSURREIÇÃO

Eu diminuo a cada dia que corre e que cai,
como se nascesse: é a aurora em meu sangue; sacudo a roupa,
se enredam os ramos do carvalho, coroa o orvalho com sete
diademas minhas recém-nascidas orelhas,
no meio-dia reluzo como uma papoula em um traje de luto,
mais tarde a luz ferroviária que fugiu transmigrando os
 arquipélagos
se agarra a meus pés convidando-me a fugir com os trens
que alongam o dia do Chile por uma semana
e quando saciada a sombra com o luminoso alimento
estática se abre mostrando em seu seio moreno a ponta de
 Vênus
eu durmo feito noite, feito criança ou laranja,
extinto e prenhe do novo ditame do dia.

SINOS

Gostei desde antes de nascer de escutar os sinos,
tocar o orvalho no bronze dos campanários,
e depois crescendo selvagem entre paliçadas com barbas
 de musgo
afundei meus sapatos em barro e barbeito atravessando a
 chuva
voou a pomba-torcaz que como um braseiro de penas
ardia em sua furta-cor linhagem de colo e de cauda
e assim me criei solitário cantando para quem? Para ninguém:
talvez para aquelas regiões de troncos apodrecidos e lianas,

talvez para a úmida terra que afundava meus pés em um tenro sarcófago de folhas caídas,
mas eu não cresci para ouvidos humanos e quando caiu
uma medalha
em meu peito, outorgada por merecimentos de canto,
olhei ao redor, com os olhos busquei para quem era o Prêmio
e baixei a cabeça, confuso, porque descobri que era meu
e que minha alma de alguma maneira se encontrou com os
povos calados
e cantou publicando a pena ou a flor da gente que não
conhecia.

AMOR

Oh amor, oh vitória de tua cabeleira agregando a minha vida
a velocidade da música que se eletrizou na tormenta
e fora do âmbito puro que se desenvolve queimando
aquelas raízes cobertas pela poeira do tempo
contigo, amorosa, viveram o dia de chuva remota
e meu coração recebeu teu palpitar palpitando.

SONATA

Oh clara de lua, oh estátua pequena e escura,
oh sal, oh colher que tira o aroma do mundo e o entorna
em minhas veias,
oh cântara negra que canta à luz do orvalho,
oh pedra do rio enterrado de onde voava e volvia a noite,
oh pâmpano de água, peral de cintura fragrante,
oh tesoureira do bosque, oh pomba da primavera,
oh mensagem que deixa o sereno nos dedos da madressilva,
oh metálica noite de Agosto com argolas de prata no céu,

oh meu amor, pareces com o trem que atravessa o outono
em Temuco,
oh minha amada perdida em minhas mãos como um anel
na neve,
oh entendida nas cordas do vento cor de guitarra
que desce das cordilheiras, junto a Nahuelbuta chorando,
oh função matinal da abelha buscando um segredo,
oh edifício que o âmbar e a água construíram para que
habitasse
eu exigente inquilino que esquece a chave e adormece à porta,
oh corneta levada na garupa celestial do tritão submarino,
oh guitarra de greda soando na paz poeirenta do Chile,
oh frigideira de azeite e cebola, vaporosa, cheirosa, saborosa,
oh expulsada da geometria por arte de nuvem e quadril,
oh máquina de água, oh relógio de passarada,
oh minha amorosa, minha negra, minha branca, minha
pena, minha vassoura,
oh minha espada, meu pão e meu mel, minha canção, meu
silêncio, minha vida.

A RUA

Também te amo, rua repleta de rostos que arrastam
sapatos, sapatos
que riscam a roda do orbe insultando armazéns,
e vivo no leito de um rio infinito de mercadorias,
retiro as mãos da devorante cinza que cai,
que envolvem a roupa que sai do cinema,
colo-me aos vidros olhando com fome chapéus que comeria
ou alfaias que querem matar-me com olhos de cólera verde
ou sabonetes tão suaves que se fizeram com suco de lua
ou livros de pele incitante que me ensinariam talvez a morrer

ou máquinas óticas que fotografam até tua tristeza
ou divãs dispostos às seduções mais inoxidáveis
ou o claro alumínio das caçarolas especializadas em ovos
  e aspargos
ou os trajes de bispo que a miúdo levam bolsos do Diabo
ou ferrarias amadas pela exatidão da minha alma
ou farmácias pálidas que ocultam, como as serpentes, sob
  o algodão
presas de arsênico, dentes de estricnina e unguentos letais,
ou tapetes vinílicos, estocolmos, brocados, *milanos**
terylén, canhamaço, *borlón*** e colchões de todo sossego
ou relógios que vão medir-nos e por fim tragar-nos
ou cadeiras de praia dobráveis adaptáveis a todo traseiro
ou teares com ratier, 1,36 Diederich, complicados e
  abstratos,
ou baixelas completas ou sofás floreados com capa
ou implacáveis espelhos que esperam demonstrar a
  vingança da água
ou escopetas de repetição tão suavíssimas como um
  focinho de lebre
ou adegas que se atulharam de cimento; e eu fecho os olhos:
são os ovos de Deus estes sacos terríveis que continuam
  parindo este mundo.

---

* *Milano*: tecido de linho fabricado em Milão. (N.T.)

** *Borlón*: tecido semelhante ao fustão. (N.T.)

AMANHECENDO

Amor meu, ao buscar-te recém-acordado percorri com
minhas mãos teus dedos
surpreendi o alabastro adormecido em tua mão a essa hora
e encontrei cada unha em meu tato alongando a sílaba lisa
que forma teu nome no céu estrelado do sol e da lua.
Cada unha em tua mão envolvia um fragmento do sonho
em teu corpo
e com a frescura da ágata mudavam teus dedos em pedra,
de alguma maneira infundada o clamor de teu sangue vivente
em sal circulante, em estátua de nácar foi precipitado
e só toquei aquela estrela de cinco esmeraldas adormecidas,
suavíssimas pontas afundadas na lentidão da sombra,
pensando entre sono e vigília que se transmutaram
seguindo o percurso da água na rocha
em frio, em espadas, em quartzo roubado à terra noturna,
ao ar do céu na noite que desembainhou suas estátuas
e se pôs a brilhar acendendo as pedras na magnitude
silenciosa.

A NOITE

Oh, noite, oh substância que muda teu corpo e devolve à
terra a estrela,
pensei, sacudido entre incertos temores tocando teus dedos,
pensando na rosa de sal deslumbrante que havia caído do céu.
Oh amor, oh infinito regado pela geologia,
oh corpo de lábios noturnos que me anteciparam a aurora
com a exatidão da uma fruta celeste amparada pela
claridade do orvalho.

A TERRA

Antártica pátria que do racimo cheiroso aos cereais,
da salitreira que esconde a lua enterrada e acima no frio
os sete episódios do cobre e suas páginas verdes,
estendes, oh terra delgada, entre ondas de vinho e de neve
teus filhos insignes e esfarrapados que cantam em plena
agonia.

PAÍS

Pequeno país que sobre os montes bravios e a água infinita
transcorres levando entre torvas rugas a luz mineral e as
uvas do vinho
e de um lugar a outro ao chileno moreno e errante
que fura a pedra de sua sepultura vulcânica
com a calça remendada e os olhos feridos.

Vem visitar-me estrangeiro entre Arica e a Terra do Fogo:
faz frio nas ilhas e o mar hasteia o moinho de seu movimento,
as moradas se encolhem ao passo do céu que como um
cavalo irritado
galopa na noite frenética golpeando os tetos do homem.

Abriu o vendaval a janela e entrou na cozinha buscando
o fogo que coze as pobres batatas do povo perdido.

País, torre erguida na altura do agroplaneta,
queimado por uma coroa de cruéis relâmpagos
e depois entregado às locomotivas dos terremotos
e depois à fervente imundície dos arrabaldes
e depois ao deserto que espera e devora o viajante

e depois os mares hirsutos que rompem os olhos dos
pescadores
e depois no campo a sede da terra, a sede amarela,
e depois o carvão que em sua cova aniquila os heróis negros
e depois a pobre família atacada pelos buracos
do teto e da roupa, olhando a sapataria,
divisa os pés dos anjos com sapatos novos no Paraíso.

PRIMAVERA NO CHILE

Belo é Setembro em minha pátria coberto com uma coroa
de vime e violetas
e com um canastro pendurado nos braços repleto de dons
terrestres:
Setembro adianta seus olhos mapuches matando o inverno
e volta o chileno à ressurreição da carne e do vinho.
Amável é o Sábado e apenas se abriram as mãos da
Sexta-Feira
voou transportando ameixas e caldos de lua e peixe.

Oh amor na terra que tu percorresses e que atravessamos
não tive em minha boca um fulgor de melancia como em
Talagante
e em vão busquei entre os dedos da geografia
no mar clamoroso, a veste que o vento e a pedra outorgaram
ao Chile,
e não achei pêssegos de Janeiro redondos de luz e delícia
como o veludo que guarda e debulha o mel de minha pátria.

E nos matagais do Sul sigiloso conheço o orvalho
por seus penetrantes diamantes de menta, e me embriaga o
aroma

do vinho central que estalou de teu cinturão de cachos
e o cheiro de tuas águas pesqueiras que te enche o olfato
porque se abrem as valvas do mar em teu peito de prata
abundante,
e encimado arrastando os pés quando marcho nos montes
mais duros
eu diviso na neve invencível a razão de tua soberania.

PAÍS

És minha pátria e compreendo teu canto e teu pranto
e toco o contorno de tuas tricolores guitarras chorando e
cantando
porque sou um punhado de pó de tua cordilheira
e vivo em teu amor o suplício: de condecorar teus tormentos.

Vou contar-te a história de alguns, de algumas, de ninguém,
ouvindo a chuva que rompe seus rombos de vidro e se
perde,
vou contar-te a história daquele ou do filho daquele
ou de ninguém, de todos, porque este destino de greda
nos faz no forno do povo parelhos, parentes profundos:
temos cabeças de cântaro e com olhos de boi generoso
os pés mais urgentes, as pernas que mudam de terra e
de rio,
as mãos famintas e a cor da aveia queimada,
nós chilenos de costa e de monte, de chuva ou sequeiro,
somos quase sempre os mesmos errantes dispostos à
viagem do ouro.

UM RELATO

E agora a chuva redonda cor de hemisfério
escuta esta história de sangue e de ouro e de morte distante:

Quarto Episódio:

FULGOR E MORTE DE JOAQUÍN MURIETA

ESTA é a longa história de um homem inflamado.
Natural, valoroso, sua memória é uma acha de guerra.
É tempo de abrir o repouso, o sepulcro do claro bandido
e romper o ouvido oxidado que agora o enterra.
Talvez não encontrou seu destino o soldado e lamento
não ter conversado com ele, e com uma garrafa de vinho
ter esperado na História que passasse algum dia seu
    grande regimento.
Talvez aquele homem perdido no vento houvesse mudado
    o caminho.
O sangue caído lhe pôs nas mãos um raio violento,
agora passaram cem anos e já não podemos mudar seu
    destino:
assim é que comecemos sem ele e sem vinho nesta hora
    quieta
a história de meu compatriota, o bandido honorável don
    Joaquín Murieta.
É longa a história que aterra mais tarde e que nasce aqui
    abaixo
nesta angustura de terra que o Polo nos trouxe e o mar e a
    neve disputam,
aqui entre pereiras e telhas e chuva brilhavam as uvas
    chilenas
e como uma taça de prata que enche a noite sombria de
    pálido vinho

a lua do Chile crescia entre boldos, *maitenes**, alfavacas,
orégano, jasmins, feijões, loureiros, orvalho,
então nascia à luz do planeta um infante moreno
e na sombra serena é o raio que nasce, se chama Murieta,
e ninguém suspeita à luz da lua que um raio nascente
adormece no berço enquanto se esconde nos montes a lua:
é um menino chileno cor de azeitona e seus olhos ignoram
o pranto.

Minha pátria lhe deu as medalhas do campo bravio, do
pampa ardente:
parece ter forjado com frio e com brasas para uma batalha
seu corpo de arado e é um desafio sua voz e suas mãos são
duas ameaças.

Vingança é o ferro, a pedra, a chuva, a fúria, a lança,
a chama, o rancor do desterro, a paz crepitante,
e o homem distante fica cego clamando na sombra vingança,
buscando na noite esperança sangrenta e castigo constante,
desperta o arredio e percorre a cavalo a terra noturna.
Deus meu,
que busca o escuro à espreita do dano que brilha em sua
mão cortante?

Vingança é o nome instantâneo de seu calafrio
que crava a carne ou golpeia no crânio ou assusta com
boca alarmante
e mata e se afasta o dançante mortal galopando à beira do rio.

---

* *Maitén* (Botânica – *Maythenus chilensis*): árvore chilena sempre verde brilhante, de grande copa, longas folhas dentadas e de flores em forma de campânulas. (N.T.)

A chama do ouro percorre a terra do Chile do mar aos montes
e começa o desfile do horizonte até o Porto, o magnético
feitiço,
despovoa Quillota, debulha Coquimbo, as naves esperam
em Valparaíso.

Crescendo à sombra de salgueiros flexíveis nadava nos
rios, domava os potros, lançava os laços,
ardia no brio, educava os braços, a alma, os olhos, e se
ouviam cantar as esporas
quando do fundo do outono vermelho descia a galope em
sua égua de estanho
vinha da cordilheira, de pedras hirsutas, de cerros hostis,
de vento inumano,
trazia nas mãos o golpe vizinho do rio que fustiga e divide
a neve fragrante e jazente
e o transpassava aquele livre alvedrio, a virtude selvagem
que toca a fronte
dos indomáveis e sela com ira e limpeza o orgulho de
algumas cabeças
que guarda o destino em suas atas de fogo e pureza, e
assim o elegido
não sabe que está prometido e que deve matar e morrer na
empresa.

Assim são as coisas amigo e é bom aprender e que saiba e
conheça
os versos que escrevi e repita contando e cantando a
lembrança de um livre chileno proscrito
que andando e andando e morrendo foi um mito infinito:
sua infância cantei ao instante e sabemos que foi o
caminhante muito longe,

um dia mataram o chileno errante, contam os velhos de noite ao braseiro
e é como se falasse o riacho, a chuva silvante ou na nevasca chorasse no vento a neve distante
porque de Aconcágua partiu num veleiro buscando na água um caminho
e para a Califórnia a morte e o ouro chamavam com vozes ardentes que no fim decidiram seu negro destino.

Mas no caminho marinho, no branco veleiro *maulino**
o amor sobreveio e Murieta descobre uns olhos escuros,
se sente inseguro perdido na nova certeza:
sua noiva se chama Tereza e ele não conheceu mulher camponesa
como esta Tereza que beija sua boca e seu sangue, e no grande oceano
perdida a barca na bruma, o amor se consuma e Murieta pressente que é este o amor infinito
e sabe talvez que está escrito seu fim e a morte o espera
e pede à Tereza sua noiva e mulher que se case com ele na nave veleira
e na primavera marinha Joaquín, domador de cavalos, tomou por esposa Tereza, mulher camponesa,
e os imigrantes em busca do ouro inumano e distante celebram este casamento
ouvindo as ondas que elevam seu eterno lamento;
e tal é a estranha cegueira do homem no rito da passageira alegria;
na nave o amor acendeu uma fogueira; não sabem que já começou a agonia.

---

* *Maulino*: natural da província de Maule. (N.T.)

DIÁLOGO AMOROSO

Voz de Murieta:

Tudo o que me deste já era meu
e a ti minha livre condição submeto.
Sou um homem sem pão nem poderio:
só tenho uma faca e meu esqueleto.

Cresci sem rumo, fui meu próprio dono
e começo a saber que fui teu
desde que comecei com este sonho:
antes não fui senão um monte de orgulho.

Voz de Tereza:

Sou camponesa de lá de Coiheuco,
cheguei à nave para conhecer-te:
te entregarei minha vida enquanto viver
e quando morrer te darei minha morte.

Voz de Murieta:

Teus braços são como alelis
de Carampangue e por tua boca arisca
me chama a aveleira e os *raulíes.*
Teu cabelo tem cheiro de montanhas.

Deita-te outra vez a meu lado
como água do riacho puro e frio
e deixarás meu peito perfumado
à madeira com sol e com rocio.

Voz de Tereza:

É verdade que o amor queima e separa?
É verdade que se apaga com um beijo?

Voz de Murieta:

Perguntar ao amor é coisa rara,
é perguntar cerejas à cerejeira.
Eu conheci os trigos de Rancágua,
vivi como uma figueira em Melipilla.
O que conheço aprendi da água,
do vento, das coisas mais singelas.

Por isso a ti, sem aprender a ciência,
te vi, te amei e te amo, bem-amada.
Tens sido, amor, minha única impaciência,
antes de ti eu não quis ter nada, nada.
Agora quero o ouro para o muro
que deve defender tua beleza:
por ti será dourado e será duro
meu coração como uma fortaleza.

Voz de Tereza:

Só quero o baluarte de tua altura
e só quero o ouro de teu arado,
somente a proteção de tua ternura:
meu amor é um castelo delicado
e minha alma tem em ti suas armaduras:
resguarda-a teu amor enamorado.

Voz de Murieta:

Gosto de ouvir tua voz que corre pura
como a voz da água em movimento
e agora há só tu e a noite escura.
Dá-me um beijo, meu amor, estou contente.
Beijo minha terra quando a ti te beijo.

Voz de Tereza:

Voltaremos à nossa pátria dura
alguma vez.

Voz de Murieta:

O ouro é o regresso.

Esquadrinhando a terra estrangeira da alba escura
até que rolou na planura a noite na fogueira
Murieta fareja o veio escondido galopa e regressa
e toca em segredo a pedra partida rompe-a ou beija-a
e é sua decisão celestial encontrar o metal e tornar-se
imortal
e buscando o tesouro sofre angústia mortal e se deita
coberto de lodo
com areia nos olhos, com mãos sangrantes espreita a
glória do ouro
e não há na terra distante tão valente e atroz caminhante:
nem sede nem serpente espreitante detêm seus passos,
bebeu febre em seu copo e não pôde a noite nevada
cortar sua pisada nem penas nem feridas puderam com ele
e quando caiu sete vezes sacou sete vidas

e seguiu de noite e de dia o chileno montado em seu claro
corcel.

Para! diz-lhe a sombra mas o homem tinha sua esposa
esperando na choça e seguia pela Califórnia dourada
furando a rocha e o barro com a chamarada
de sua alma enlutada que busca no ouro encontrar a alegria
que Joaquín Murieta queria para reparti-lo voltando à sua
terra,
mas esperou-o a agonia e se achou de repente coberto de
ouro e de guerra.
Ferveu com o ouro encontrado a fúria e subiu pelos montes,
o ódio encheu o horizonte com manchas de sangue e luxúria
e o vento delgado mudou sua veste ligeira e sua voz
transparente
e o ianque vestido de couro e capuz buscou ao forasteiro.
Os duros chilenos dormiam cuidando o tesouro cansados
do ouro e da luta,
dormiam e em sonhos voltavam a ser lavradores,
marinheiros, mineiros,
dormiam os descobridores e envoltos em sombras os
encapuzados vieram,
chegaram de noite os lobos armados buscando o dinheiro
e nos acampamentos morreu a picota porque em desamparo
ouvia-se um disparo e caía um chileno morrendo no sonho,
ladravam os cães, a morte mudava o desterro
e os assassinos em sua cavalgada mataram a bela esposa
de meu compatriota Joaquín e a canta por isso o poeta.

Saiu da sombra Joaquín Murieta sem ver que uma rosa de
sangue tinha

em seu seio sua amada e jazia na terra estrangeira seu
amor destroçado,
mas ao tropeçar em seu corpo tremeu aquele soldado
e beijando seu corpo caído, fechando os olhos daquela que
foi sua roseira e sua estrela
jurou comovido matar e morrer perseguindo o injusto,
protegendo o caído,
e é assim que nasce um bandido que o amor e a honra
conduziram um dia
a encontrar a dor e perder a alegria e perder muito mais ainda,
a se arriscar, a morrer, combatendo e vingando uma ferida
e deixar sobre o pó do ouro perdido sua vida e seu sangue
vertido.

Onde está este ginete atrevido vingando seu povo, sua
raça, sua gente?
Onde está o solitário rebelde, que névoa ocultou seu
vestuário?
Onde estão seu cavalo e seu raio, seus olhos ardentes?
Inflamou-se intermitente, em trevas espreita sua fronte,
e no dia das desventuras percorre um corcel, a vingança
vai em sua montaria:
galopa lhe diz a areia que engoliu o sangue dos desgraçados
e alguma chilena prepara um churrasco escondido para um
foragido que chega coberto de pó e de morte.

"Entrega esta flor ao bandido e beija suas mãos e que
tenha sorte."
"Dá-lhe, se podes, esta galinhazinha", sussurra uma velha
de Angol de cabeça murcha,
"e tu dá-lhe o rifle", diz outra, "de meu assassinado marido,
ainda está manchado com o sangue de meu bem-amado",

e este menino lhe dá seu brinquedo, um cavalo de pau, e
lhe diz: "Ginete,
galopa para vingar meu irmão que um gringo matou pelas
costas" e Murieta levanta a mão
e se afasta violento com o cavalinho do menino nas mãos
do vento.

Galopa Murieta! O sangue caído decreta que um ser solitário
recolha em sua rota a honra do planeta e o sol solidário
desperta na escura planura e a terra sacode nos passos errantes
dos que recordam amantes caídos e irmãos feridos
e pela pradaria se estende uma estranha quimera, um
fulgor, é a fúria da primavera
e a ameaçante alegria que lança porque crê que são uma
coisa vitória e vingança.

Se apertaram em seus cinturões, saltaram varões na noite
escura
ao relampagueio de cavalgaduras e marcha Joaquín adiante,
com duro semblante dirige a hoste dos vingadores
e caem cabeças distantes e o faiscar
do rifle e a luz do punhal terminaram com tantas tristezas:
vestido de luto e de prata Joaquín Murieta caminha constante
e não dá descanso este caminhante aos que incendiaram os
povoados com lava queimante,
aos que arrasaram envoltos em ódio e pisotearam
bandeiras de povos errantes.

Oh novos guerreiros, que surja na terra outro deus além do
dinheiro,
que morra quem mata o pulsar da primavera e coroa com
sangue o berço do recém-nascido,

que viva o bandido Joaquín Murieta, o chileno de estirpe
profeta
que quis cortar o caminho dos iracundos guerreiros
grosseiros
que tudo têm e tudo querem e tudo maltratam e matam.

Adeus companheiro bandido, se acerca tua hora, teu fim
está claro e escuro,
sabe-se que tu não conheces como o meteoro o caminho
seguro,
sabe-se que tu te desviaste na cólera como um vendaval
solitário,
mas aqui te canto porque debulhaste o racimo de ira e se
acerca a aurora,
se acerca a hora em que o iracundo não tenha já lugar no
mundo
e uma sombra secreta não foi tua façanha, Joaquín Murieta.
E diz a mãe: "Eu sou uma espiga sem grão e sem ouro,
não existe o tesouro que minha alma adorava, pendurado
na viga
meu Pedro, filho meu, morreu assassinado e o choro
e agora minhas lágrimas Murieta secou com sua valentia".
E a outra enlutada e bravia mostrando o retrato de seu
irmão morto
levanta os braços eretos e beija a terra que pisa o cavalo de
Joaquín Murieta.

Pergunta o poeta: "Não é digno este estranho soldado de luto
que os ultrajados lhe outorguem o fruto do padecimento?"
Não sei, mas sinto tão longe daquele compatriota longínquo
que através do tempo merece meu canto e minha mão

porque defendeu mostrando a cara, os punhos, a fronte,
a pobre alegria da pobre gente saqueada pelo invasor
inclemente e amargo
e sai do longo letargo na sombra um luzeiro
e o povo adormecido acorda ligeiro seguindo o rastro
escarlate daquele guerrilheiro,
do homem que mata e que morre seguindo uma estrela.
Por isso pergunta o poeta se alguma cantata requeira
aquele cavaleiro bandido que deu ao ofendido uma rosa
concreta:
justiça se chama a ira de meu compatriota Joaquín Murieta.

QUASE SONETO

Mas, ai, aquela tarde o mataram:
foi deixar flores à sua esposa morta
e de repente o heroico acurralado
viu que a vida lhe fechou a porta.

De cada nicho um ianque disparava,
o sangue resvalava por seus braços
e quando cem covardes dispararam
um valente caiu com cem balaços.

E caiu entre as tumbas debulhado
ali onde seu amor assassinado,
sua esposa, o chamava ainda.

Seu sangue vingador e verdadeiro
pôde beijar assim a sua companheira
e ardeu o amor ali onde morria.

O ouro recebe este morto de pólvora e ouro enlutado,
o descabelado, o chileno sem cruz de soldado, nem sol,
nem estandarte,
o filho sangrento e sangrante do ouro e a fúria terrestre,
o pobre violento e errante que na Califórnia dourada
seguiu alucinante uma luz desditada: o ouro seu leite
nutritício
deu-lhe, com a vida e a morte, espreitado e vencido por
ouro e cobiça.

Noturno chileno arrastado e ferido pelas circunstâncias do
dano incessante,
o pobre soldado e amante sem a companheira nem a
companhia,
sem a primavera do Chile distante nem as alegrias que
amamos e que ele defendia
em forma importuna atacando em seu escuro cavalo à luz
da lua:
certeiro e seguro este raio de janeiro vingava os seus.
E morto em seu orgulho se foi bandoleiro não sei nem me
importa, chegou a hora
de uma grande aurora que todas as sombras sepulta e
oculta com mãos de rosa fragrante,
a hora, o minuto em que achamos a eterna doçura do
mundo e buscamos
na desventura o amor que sustenta a cúpula da primavera.
E Joaquín Murieta não teve bandeira a não ser só uma dor
assassina. E aquele desditado
achou assassinado seu amor por mascarados e assim um
estrangeiro que saiu para viver e vencer
nas mãos do ouro tornou-se bandoleiro e chegou a
padecer, a matar e morrer.

FALA A CABEÇA DE MURIETA

Ninguém me escuta, posso falar por fim,
um menino nas trevas é um morto.
Não sei por que tinha que morrer
para seguir sem rumo no deserto.

De tanto amar cheguei a tanta tristeza,
de tanto combater fui destruído
e agora entre as mãos de Tereza
dormirá a cabeça de um bandido.

Foi meu corpo primeiro separado,
degolado depois de ter caído,
não clamo pelo crime consumado,
só reclamo por meu amor perdido.

Minha morta me esperava e tenho chegado
pelo caminho duro que tenho seguido
para juntar-me com ela no estado
que matando e morrendo tenho conseguido.

Sou só uma cabeça dessangrada,
não se movem meus lábios com meu acento,
os mortos não deviam dizer nada
a não ser através da chuva e do vento.

Mas como saberão os que virão
entre a névoa, a verdade desnuda?
Daqui a cem anos, peço, companheiros,
que cante para mim Pablo Neruda.

Não pelo mal que tenha ou não tenha feito,
nem pelo bem, tampouco, que sustive,
mas porque a honra foi meu direito
quando perdi o único bem que tive.

E assim na inquebrantável primavera
passará o tempo e se saberá minha vida,
que em sendo amarga também é justiceira
não a dou por ganha nem perdida.

E como toda vida passageira
foi talvez como um sonho confundida.
Os violentos mataram minha quimera
e por herança deixo minhas feridas.

Piedade para sua sombra! Entreguemos a rosa que levam à sua amada adormecida,
a todo o amor e à dor e ao sangue vertido, e nas portas do ódio esperemos
que regresse à sua cova a escura violência e que suba a clara consciência
à altura madura do trigo e o ouro não seja testemunha de crime e fúria e o pão de amanhã na terra
não tenha o sabor do sangue do homem caído na guerra.

Já dorme o adormecido e repousa em sua fossa a rosa.
Já jaz o bandido acossado e caído: descansa na paz de sua esposa.
E sobe a lua escarlate pelas escadas do céu.
A noite engole quem mata e o morto e rolam por seu veludo

as estrelas frias, a sombra estrangeira se enche de espigas
de prata
e aqui terminou minha cantata na paz da morte e da noite.

Não é meu o reproche por sua cavalgada de fogo e espanto.
Quem pode julgar seu quebranto? Foi um homem valente
e perdido
e para estas almas ardentes não existe um caminho elegido:
o fogo os leva em seus dentes, os queima, os alça, os
devolve a seu ninho
e se sustiveram voando na chama; seu fogo os tem consumido.

Murieta violento e rebelde regressa em meu canto ao
metal e às minas do Chile,
já seu juramento termina entre tanta vingança cumprida,
a pátria olvidou aquele espanto e sua pobre cabeça cortada
e caída
é só a sombra do sonho distante e errante que foi sua
romântica vida.

Regressa e descansa e galopa no ar para o Sul seu cavalo
escarlate;
os rios natais o cantam com sua boca de prata e o canta
também o poeta.

Foi amargo e violento o destino de Joaquín Murieta.

Desde esse minuto o Povo repete como um sino enterrado
minha longa cantata de luto.

Segue a Barcarola:

AMADA perdoa o papel que acumula a vida em tua casa,
em minha casa, o branco papel inimigo que como o cabelo
no cabeleireiro
ou como um outono de impudica neve ou folhagem gasta
e caída
reúne um exército que assoma suas pálidas armas acima e
debaixo de nossa república.

A inerme folha branca em que nunca andará minha escritura,
a dócil revista das embaixadas que parecia uma insólita
ovelha
se não a seguisse o unânime e idêntico número de cada
semana,
o livro de versos da jovenzinha pan-americana que leva
talvez no alto de sua cabeleira
a selva enigmática da poesia molhada na chuva de
Buenaventura
e que por desgraça confiou aos cadernos os pobres ribetes
que chegam penteados
por este *coiffeur** surrealista e portanto um perverso
ruminante.

Mas abunda o correio com envelopes e encontros e negras
seções de parlamentares

* *Coiffeur:* no original, em francês, significando cabeleireiro. (N.T.)

e partes de boda ou de morte que não compartilhamos,
o empapelado levanta sua branca bandeira manchada de
fastio
e sobrevivemos nadando entre envelopes e livros de
desencadernados.

DIURNO

O sol organiza talvez na noite seu ramo amarelo
e pela janela tropeça com a teoria de quanto se imprime
e desalentado tal como se entrasse na sala de um triste
hospital de Chicago
regressa ao incêndio do tigre na selva e baila na púrpura
das papoulas,
porém, sol errante não só teus olhos escapam da lombada
da enciclopédia,
mas de minhas pobres artérias sombrias que como raízes
exploram a sombra
pedindo que as condecore algum dia a luz quebrantada das
cordilheiras.

Amor, amor meu, a plebe de puros papéis prensados galopa,
circunda, em si mesma, sussurra e sepulta.
Ai quanto caminho eriçado de flores fogosas e desfiladeiros
nos chama entretanto incitante como uma romã furiosa
que fugiu debulhando rubis na poeirada do alto verão.

O MAR

As moscas de Abril no ventre inferior do outono
se multiplicaram saindo a voar com suas asas de água
com suas gotas de água amanhecem na transparência

raiando a luz ou deixando imóvel o ar vazio.
As algas apodrecem vestidas de ferro molhado
e sobre as ávidas rochas que o trovão estremece
no estupor do outono vacila um certame de ovários.
Porque sobre o rosto de pedra que o mar atormenta e destrói
as máscaras verdes da alga marinha, a tapeçaria do frio,
subjugam à eternidade da pedra, ao mar, ao conflito.

O MAR

Ali combateram mexendo-se na turbulência
os germes, a espora túrgida, as gomas da alga,
as ovas de um mar diminuto que ferve à beira do mar,
até que a rede quebrantada vasa na areia
os descendentes rotos, os tristes corais, os nardos do frio,
e ali se alimenta o outono, o espaço, a costa litúrgica,
com a podridão minguante e crescente que lança à areia o
enlace infinito.

O TEMPO

Outono de fábula, oh ventre remoto do mar apagado
piscar de estrela redonda repleta de impuros racimos,
oh ressurreições da ânfora, oh planta pletórica,
oh imenso arvoredo compacto que mexe a lua em sua
copa,
começa o desfile delgado das migrações, extensa
é a côncava névoa e nela vai o coro e a flecha:
é a procissão procelária, é o Polo que emigra em suas asas.
Parecem imóveis aves dormindo na raia invisível dos
hemisférios,
progridem suspensas ao céu, ao rumor desse mar oxidado,

e no ar navega a linha impecável de flechas famintas;
as plumagens que até ontem sustinham sua estirpe de luto
sobre a primavera do tímpano, como uma auréola de neve
sombria.
Dali, de meu inferno puído, dos iracundos farrapos da
Patagônia,
da negra desordem voou este bando de espinhos, de
plumas, de pássaros,
a onda nua no céu, a luz dirigida, a lança formada no vento
pela necessária grandeza das unidades unidas.

ESPAÇOS

Dali, da honra do oceano e da Patagônia agachada
pelo vendaval, pelo peso da solidão rancorosa,
voando vai o voo, a fúria e a ordem, longitudinal e severo,
voando o transcurso queimando a dura distância,
engolindo a névoa:
as aves do mar em seu triângulo atravessam o céu como
calafrio
e em seu movimento reúnem a terra selvagem do Sul de
minha pátria
com meu coração transbordado que espera na torre da fumaça
o signo do gelo magnético, o Sul da dor borrascosa,
a hipnótica herança olvidada entre o pasto e as cavalgaduras.

A VIAGEM

Lavrei na face de um rápido estio a cruz transparente
de um floco de neve, foi uma viagem para a desmesura:
os atos humanos fizeram as coisas mais altas do orbe
e ali com o frio de meu território e o mar retilíneo

cheguei, sem saber, nem poder, nem cantar, porque pesa o
racimo da multidão.

Se diz ou disseram ou disse eu que o bardo barbudo e
arbóreo
de Brooklin ou Camden, o ferido da secessão divisória,
vivia talvez em mim mesmo estendendo raízes ou espadas
ou trigo
ou ferruginosas palavras envolvidas em cal e formosura:
talvez, disse, eu, sem orgulho, porque se determina vivendo
que de uma maneira chuvosa ou metálica a sabedoria
dispôs seguir existindo ou morrendo entre as criaturas
terrestres
e porque não és tu, não sou eu quem recebe o encargo
escondido
e sem ver nem saber continua crescendo muito mais,
muito mais que tua vida ou minha vida.

Quinto Episódio:

OS SINOS DA RÚSSIA

ANDANDO, movendo os pés sobre um amplo silêncio de
neve
escuta-me agora, amor meu, um sucesso sem rumo:
estava deserta a estepe e o frio exibia suas duras alfaias,
a pele do planeta brilhava cobrindo as costas nuas da Rússia
e eu no crepúsculo imenso entre os esqueletos das bétulas,
andando, sentindo o espaço, pesando o pulsar das solidões.

Então saiu do silêncio a voz da noite terrestre,
uma voz, outra voz, ou o total das vozes do mundo:
era baixo e profundo o estímulo, era imenso o metal da
sombra,
era lento o caudal da voz misteriosa do céu,
e subia na altura redonda aquele golpe de pedra celeste
e descia aquele rio de prata sombria caindo na sombra
e é assim como eu, caminhante, escutei os sinos da Rússia
desatarem entre o céu e a sombra o profundo estupor de
seu canto.

Sinos, sinos do orbe infinito, distantes
na gravidade do inverno que oscila cravado no Polo
como um estandarte fustigado por esta brancura furiosa,
sinos de guerra cantando com rouco ademane no ar
os fatos, o sangue, a amarga derrota, as casas queimadas,
e logo a luz coroada pelas vitoriosas bandeiras.
Disse a esmo, à neve, ao fulgor, a mim mesmo, às ruas de
barro com neve

a guerra se foi, levou nosso amor e os ossos queimados
cobriram a terra como uma safra de atrozes sementes
e ouvi os sinos remotos tangindo na luz submersa
como um espelho, como em uma cidade sepultada em um
lago
e assim o campanário furioso guardou em seu tremendo
tangido,
senão a vingança, a lembrança de todos os heróis ausentes.

De cada sino caía a folhagem do trovão e do canto
e aquele movimento de ferro sonoro voava à luz da lua
nevada,
varria os bosques amargos que em um batalhão de esqueletos
erguiam as lanças imóveis do calafrio
e sobre a noite passou o sino arrastando como uma cascata
raízes e rezas, enterros e noivas, soldados e santos,
abelhas e lágrimas, colheitas, incêndios e recém-nascidos.

Da cabeça do Tzar e sua solitária coroa forjada na névoa
por medievais ferreiros, a fogo e a sangue,
voou uma esmeralda sangrenta do campanário
e como o gado na chuva o vapor e o cheiro dos servos
rezando na igreja,
acompanhou a coroa de ouro no voo da badalada terrível.

Agora através destes roucos sinos divisa o relâmpago:
a revolução inflamando o rocio enlutado das bétulas;
a flor estalou estabelecendo uma grande multidão de
pétalas vermelhas
e sobre a estepe adormecida cruzou um regimento de raios.
Ouçamos a aurora que sobe como uma papoula

e o canto comum dos novos sinos que anunciam o sol de
Novembro.

Eu sou, companheira, o errante poeta que canta a festa do
mundo,
o pão na mesa, a escola florida, a honra do mel, o som do
vento silvestre,
celebro em meu canto a casa do homem e sua esposa, desejo
a felicidade crepitante no centro de todas as vidas
e tudo que acontece recolho como um sino e devolvo à vida
o grito e o canto dos campanários da primavera.

Às vezes perdoa se a badalada que cai de minha alma noturna
golpeia com mãos de sombra as portas do dia amarelo,
mas nos sinos há tempo e há canto selado que espera
soltar suas pombas
para soltar a alegria como um leque mundial e sonoro.

Sinos de ontem e amanhã, profundas corolas do sonho do
homem,
sinos da tempestade e do fogo, sinos do ódio e da guerra,
sinos do trigo e das reuniões rurais à beira do rio,
sinos nupciais, sinos de paz na terra,
choremos sinos, bailemos sinos
cantemos sinos pela eternidade do amor, pelo sol e a lua
e o mar e a terra e o homem.

Segue a Barcarola:

CLAREIRA DE SOL

Mas agora não foi o inimigo que espreita montado em sua
vassoura amarela,
coberto como um porco-espinho com as puas do ódio;
agora entre irmãos nasceram racimos tortuosos
e desenvolveram os vinhos amargos, misturando mentira e
vileza,
até preparar a suspeita, a dúvida, as acusações:
uma gelatina asfixiante de transpiração literária.

Não posso voltar a cabeça e olhar a manada perdida.

Passei entre os vivos fazendo meu ofício, e regresso à chuva
com alguns cravos e o pão que elaboram minhas mãos.

Eu busquei a bondade no bom e no mau busquei a bondade
e busquei a bondade na pedra que leva ao suplício
e encontrei a bondade na cova em que vive o falcão
e busquei a bondade na lua coberta de farinha campestre
e encontrei a bondade onde estive: esse foi meu dever na
terra.

A BARCAROLA

(O vento frio corre compacto como um peixe
e golpeia os talos da aveia. Ao rés do solo vive
um movimento múltiplo e delgado. O dia está nu.
O fulgor de Novembro como uma estalactite
lisa e azul decide a pompa do estio.
É verão. E as lanças do vento interminável
perfuram o favo do espaço amarelo:
olvido ao ver correr a música na aveia
a abóbada implacável do meio-dia.
Escuta,
mulher do sol, meu pensamento. Toca
com teus pés o tremor fugitivo do solo.
Entre a relva cresce meu rosto contra o verde,
através de meus olhos cruzam as espadanas
e bebo com a alma velocidade e vento.)

Mas eu, o cidadão de um tempo gasto e roído, de ruas
direitas,
que vi converter-se em incêndio, em detritos, em pedras
queimadas, em fogo e em pó,
e depois voltar da guerra o soldado com mortes em cima e
embaixo,
e outra vez levantar a cidade infeliz colando cimento às ruínas
e janela e janela e janela e janela e janela
e outra porta outra porta outra porta outra porta outra porta
até o duro infinito moderno com seu inferno de fogo
quadrado,
pois a pátria da geometria substitui a pátria do homem.

Viajante perdido, o regresso implacável, a vitória de
pernas cortadas,

a derrota guardada em um cesto como uma maçã diabólica:
este século em que me pariram também, entre tantos que
        já não alcançaram,
que caíram, Desnos, Frederico, Miguel, companheiros
        sem trégua ao meu lado no sol e na morte,
estes anos que às vezes ao cravar a bandeira e cantar com
        orgulho aos povos
me apontaram com sanha os mesmos que eu defendi com
        meu canto
e quiseram atirar-me à fossa mordendo minha vida
com as mesmas ferozes mandíbulas do tigre inimigo.

(Os inseguros temem a integridade, golpeiam
então minhas costas com pequenos martelos,
querem assegurar o lugar que lhes toca,
porque medo e soberba sempre estiveram juntos
e suas acusações são suas únicas medalhas.)
(Temem que a violência desintegre seus ossos
e para defender-se vestem-se de violência.)
(Veja o testemunho mudo de depois de amanhã,
recolha os pedaços da torre calada
e quanto me tocou da crueldade inútil.
Compreenderá? Talvez. Os tambores
estarão rotos, e a buzina estridente
será pó no pó.
A felicidade te acompanhe,
companheiro, a felicidade, patrimônio futuro
que herdarás de nosso sangue encarniçado.)

Em minha barcarola se encontram voando os pregos do ódio
com o arroz negro que os invejosos me dão em seu prato
e devo estudar a linguagem do corvo, tocar a plumagem,
olhar nos olhos dos insaciáveis e dos insaciados

e no mesmo páramo das imundícies terrestres
arrojar as censuras de agora e as adulações de então.

Cantando entre escórias o canto reluz na taça de minha alma
e tinge com luz de amaranto o crepúsculo aziago,
eu só sustento a taça de sangue e a espada que canta na arena
e provo o sal em meus lábios, a chuva em minha língua e o fogo recebo em meus olhos,
cantando sem pressa nem pausa, coroado pelas nevascas.

Porque em cima e em torno de mim se sacode como uma bandeira
longitudinal, o capítulo puro de minha geografia,
e do Taltal platinado pela *camanchaca** salobre
até Ruca Diuca coberto por trepadeiras e salgueiros-chorões,
eu vou estendendo entre montes e torres calcáreas minha vertiginosa linhagem,
sem dúvida acossado pela trêmula fragrância do trevo,
talvez inerente produto do bosque na chuva no inverno
pelas estradas molhadas onde passou uma serpente vestida de verde,
de todas as maneiras, sem ser conduzido pelas aventuras do rio com seu batalhão transparente
percorro as terras contando os pássaros, as pedras, a água,
e me retribui o Outono com tanto dinheiro amarelo
que choro de puro cantor derramando meu canto no vento.

---

* *Camanchaca* (no Chile e Peru): névoa espessa e baixa que reina no deserto de Tarapacá. (N.T.)

Sexto Episódio:

R. D.

I. CONVERSAÇÃO MARÍTIMA

Encontrei Rubén Darío nas ruas de Valparaíso,
esmirrado aduaneiro, singular rouxinol que nascia:
era ele uma sombra nas gretas do porto, na fumaça marinha,
um delgado estudante de inverno desprendido do fogo de
seu natalício.

Sob o amplo gabão tiritava seu longo esqueleto
e leva bolsos repletos de espelhos e cisnes:
até havia chegado a jogar com a fome nas águas do Chile,
e em abandonadas adegas ou invencíveis depósitos de
mercadorias,
através de armazéns imensos que só custodiam o frio
o pobre poeta passeava com sua Nicarágua fragrante,
como se levasse no peito
um limão de mamilos azuis ou a lembrança em redoma
amarela.
Companheiro, disse-lhe, a nave volveu ao fragoroso
estupor do oceano,
e tu, desterrado de mãos de ouro, contemplas este amargo
edifício:
aqui começou o universo do vento
e chegam do Polo os grandes navios carregados de névoa
mortuária.
Não deixes que o frio atormente teus cisnes, nem rompa
teu espelho sagrado,
a chuva de junho ameaça teu suave chapéu,

a noite de antárticos olhos navega cobrindo a costa com
seu matrimônio de espinhos,
e tu, que propicias a rosa que enlaça o aroma e a neve,
e tu, que originas em teu coração de açafrão a borbulha e o
canto claríssimo,
reclama um caminho que corta o granito das cordilheiras
ou some nas vestimentas da fumaça e da chuva de
Valparaíso.

Afugenta as névoas do Sul de tua América amarga
e ainda que Balmaceda sustenha suas luvas de prata em
tuas mãos,
escapa montando na rajada de tua serpentina quimera!
E corre a cantar com teu rio de mármore a ilustre sonata
que se desenvolve em teu peito desde tua Nicarágua natal!

Arisca era a fumaça dos arsenais, e cheirava o inverno
a desenfreadas violetas que se descoloriam manchando o
murcho crepúsculo:
tinha o inverno o cheiro de uma alfombra molhada por
anos de chuva
e quando o apito de um rouco navio cruzou como um
condor cansando o recinto dos molhes,
senti que meu pai poeta tremia, e um imperceptível lamento
ou melhor vibração de sino que no alto prepara o tangido
ou talvez comoção mineral da música envolta na sombra,
algo vi ou escutei porque o homem olhou-me sem
olhar-me nem ouvir-me.

E senti que subiu até sua torre o relâmpago de um calafrio.

Creio que ali constelado ficou, atravessado por raios de
luz inaudita
e era tanto o fulgor que levava debaixo de sua vestimenta
puída
que com suas duas mãos escuras tentava cobrir sua linhagem.
E não vi silêncio no mundo como o daquele homem
adormecido,
adormecido e andando e cantando sem voz pelas ruas de
Valparaíso.

II. A GLÓRIA

Oh clara! Oh delgada sonata! Oh cascata de clã cristalino!

Surgiu do idioma voando uma rajada de asas de ouro
e então a névoa do mundo retrocede à infame adega
e a claridade do favo adianta uma torrente de trinos
que decretam a lei de cristal, o racimo de neve do cisne:
o pâmpano jádico ondula seus signos interrogativos
e Flora e Pomona descartam os desfiados gabões
tirando da rua o fulgor de suas tetas de nácar marinho.

Oh grande tempestade do Tritão encefálico! Oh buzina do
céu infinito!

Tremeu Echegaray encapando o guarda-chuva de ferro
enlousado
que o protegeu das iras eróticas da primavera
e pela vez primeira a estátua jazente de Jorge Manrique
desperta:
seus lábios de mármore sorriem e levantando uma mão
enluvada

dirige uma rosa cheirosa a Rubén Darío que chega a
Castela e inaugura a língua espanhola.

III. A MORTE NA NICARÁGUA

Desfalece em León o leão e o acodem e o solicitam,
os álbuns carregam as rosas do imperador desfolhado
e assim passeiam-no no seu levita de tristeza
longe do amor, entregue ao conhaque dos piratas.

É como um imenso e sonâmbulo cão que trota e coxeia
por salas repletas de comovedora ignorância e ele assina e
cumprimenta com mãos ausentes, aproxima-se a noite
detrás dos vidros,
os montes recortam a sombra e em vão os dedos fosfóricos
do bardo pretendem a luz que se extingue: não há lua, não
chegam estrelas, a festa se acaba.

E Francisca Sánchez não reza aos pés amarelos de seu
minotauro.

Assim, desterrado em sua pátria meu pai, teu pai, poetas,
morreu.

Tiraram do crânio seus miolos sangrantes os cruéis anões
e os passearam por exposições e hangares sinistros:
o pobre perdido ali, só entre condecorados, não ouvia
gastas palavras,
mas na onda do ritmo e do sonho caiu no elemento,
voltou à substância aborígine das ancestrais regiões.

E a pedreira que trouxe à história, a rosa que canta no fogo,
o alto som de seu campanário, sua luz torrencial de safira
voltou à morada na selva, voltou às suas raízes.

Assim foi como o nosso, o errante, o enigma de Valparaíso,
o beneditino sedento das Baleares,
o prófugo, o pobre pastor de Paris, o triunfante perdido,
descansa na areia da América, no berço das esmeraldas.

Honra à sua cítara eterna, à sua torre indelével!

Segue a Barcarola:

SOLIDÕES

Estava redonda a lua e estático o círculo negro
do fuzilado silêncio regido por um palpitante grupo:
o lácteo infinito que cruza como um rio branco a sombra,
os úberes do céu espargiram a extensa substância ou
Andrômeda
e Sírio jogaram deixando semeado de sêmen celeste a
noite do Sul.

Fragrantes estrelas abertas voando sem pressa e atadas
à misteriosa ordem da viagem dos universos,
vespas metálicas, elétricos números, prismáticas rosas
com pétalas de água ou de neve,
e ali fulgurando e pulsando a noite eletrônica nua e
vestida, povoada e vazia,
cheia de nações e páramos, planetas e um céu detrás de
outro céu,
ali, incorruptíveis brilhavam os olhos perdidos do tempo
com os utensílios do orbe,
cozinhas com fogo, ferraduras que viram rodar o sombrio
cavalo, martelos, níveis, espadas,
ali circulava a noite nua apesar do austral atavio, de suas
amarelas alfaias.
A quem pertence minha fronte, meus pés ou meu exame
remoto?
De que me serviu o alvedrio, a rouca advertência da
vontade enterrada?

Por que me disputam a terra e a sombra e a que materiais
que ainda não conheço
estão destinados meus ossos e a destruição de meu sangue?

E eu, estremecido na viagem, com o coração constelado
baixei a cabeça e fechando os olhos guardei o que pude,
um negro fragmento do ferro noturno, um jasmim
penetrante do céu.

E ainda mais misterioso como um nascimento infinito de
abelhas
o dia prepara seus ovos de ouro, seus firmes favos dispõe
no útero escuro do mundo
e na claridade, sobre o mar despertou a baleia bestial e
pintou com um negro pincel
uma linha noturna na aurora que sai do mar trêmula
e caminha no labirinto o fermento do tifo que está
encarcerado
e saem do banho à rua os peixes simultâneos de Montevidéu
ou descem escadas em Valparaíso as roupas azuis da multidão
para os mercados e os escritórios, os embarcadouros,
farmácias, navio
para a razão e a dúvida, os ciúmes, a tenra rotina dos
inocentes:
um dia, um quebranto entre duas longas noites copiosas de
estrelas ou chuva,
uma quebradura de sol soberano que desencadeia
explosões de espigas.

Sétimo Episódio:

LORD COCHRANE DO CHILE

I. PRÓLOGO

A voz de Lord Cochrane:

"Um tenente que perde um braço recebe uma pensão de 91 libras.
Um capitão que perde um braço recebe 41 libras.
Um tenente que perde uma perna, 40 libras.
Um tenente que perde ambas as pernas em batalha recebe 80 libras.
"Mas
Lord Arden goza de uma sinecura de 20.358 libras esterlinas.
Lord Campden recebe 20.536 Iibras.
Lord Buckingham, 20.683 Iibras.
Quer dizer,
que o que dão a todos os feridos da frota britânica
e às viúvas e filhos dos mortos em combate
nem sequer alcança a sinecura de Lord Arden.
Os Wellesley recebem 34.720 libras ao ano.
Quer dizer,
recebem uma soma
igual a 426 pares de pernas de tenentes
e a sinecura de Lord Arden equivale a 1.022 braços de capitão de navio!"

Uma voz

"Cochrane, isto é uma insolência – pagarás por ela!"

II. O PROCESSO

Vive a névoa como um grande octópode inchado de gás
amarelo
e cai seu gelatinoso ramal emaranhando a insigne cabeça.
É Londres, a Casa Redonda e a Justiça é a boca do polvo.
A besta desliza por ruas de sombra seus braços, seus
passos, seus pés resvalosos,
buscando Tomás, o Marinheiro, buscando seu pescoço nu:
porque a Justiça agoniza em sua Casa Redonda e exige
alimento,
alimentos do mar, cavalheiros da água e do fogo.

A Justiça dourada te busca e tem fome de carne marinha.

Tomás, marinheiro, levanta tua espada de guerra!
Descarrega teu braço salgado e divide os braços do polvo
de ouro!
Rechaça as cruéis ventosas que buscam detrás da névoa!
Esconde, Tomás, teu semblante delgado de falcão oceânico!
Defende a proa intranquila de tua embarcação orgulhosa!
Protege os olhos da águia que espera minha pátria em seu
berço
e deixa perdido na névoa o octópode de boca amarela!

III. A NAVE

A nave é a rosa mais dura do mundo: floresce no sol
tempestuoso
e se abre no mar a corola de seus imponentes pistilos.
Assobiante é o vento nas pétalas,
a onda levanta a rosa nas torres da água

e o homem resolve o caminho fechado, cortando a grande
esmeralda.

Minha pátria chamou o marinheiro: Olhai-o na proa do
século!
Se o tempo não quis mover-se nos velhos relógios cansados
ele faz do tempo uma nave e dirige este século ao oceano,
ao amplo e sonoro Pacífico, semeado pelos arquipélagos,
onde uma espada de pedra delgada suspensa das cordilheiras
espera as mãos de Cochrane para combater as trevas.
Minha pátria é a espada de pedra das cordilheiras andinas.
Minha pátria é o mar oprimido que espera por Tomás
Marinheiro.

IV. CORO DOS MARES OPRIMIDOS

Lord do mar, vem a nós, somos água e areia oprimidas!

Lord do mar, somos povos bloqueados e mudos!

Lord do mar, te chamamos cantando para a luta!

Lord do mar, a corrente espanhola fecha-nos as águas!

Lord do mar, amarra-nos os sonhos a noite espanhola!

Lord do mar, no porto te esperam o pranto e a ira!

Lord do mar, reclamam-te os Mares do Sul!

V. O OLHAR

Contemplai o Falcão que prepara com olhos de fogo
tranquilo
o voo violento que cruze como uma centelha a sombra!

VI. O SUL DO PLANETA

(Meu povo recém despertava e os pobres louros
manchados de sangue e de chuva
jaziam nas estradas confusas da alba: minha pátria
envolta em roupagem de neve, como um monumento que
ainda não inauguram,
dormia e sangrava sem voz, esperando.)

Mineral e marinha é minha pátria como uma figura de proa,
talhada pelas duras mãos de deuses terríveis,
na Araucânia a selva não tem outro idioma que os trovões
verdes,
o Norte lunário te oferece sua fronte de areia sedenta,
o Sul a coroa da fumaça nascendo das cicatrizes vulcânicas,
e a Patagônia caminha agachada no vento
até que as estepes da Terra do Fogo elevaram a última estrela
e acendem com mãos imóveis o Polo Sul no céu.

VII. TRISTEZA

O homem maldiz de repente a aurora recém-descoberta
e rompe as novas bandeiras golpeando o irmão e matando
seus filhos:
Assim foi então, assim é agora e assim será, por desgraça.
E não há mais amargo sino no mundo que aquele que anuncia
com a liberdade, a agonia daqueles que o construíram.

Carrera, Rodríguez, O'Higgins, compartilham a glória e o ódio
e um pano de luto ameaça cobrir o destino dos estandartes.

VIII. UM HOMEM NO SUL

Chegou o marinheiro! Os mares do Sul acolheram o homem que fugiu da névoa
e o Chile lhe estende suas mãos escuras mostrando o perigo.
E não é arrogante o guerreiro que quando sua nave recebe os quatro presentes,
a Cruz Estrelada do céu do Sul, o trevo de quatro diamantes
e baixa os olhos a minha pobre pátria andrajosa e sangrante,
compreende que aqui seu destino é fundar outra estrela no vasto vazio,
uma estrela no mar que defenda com raios de ferro o berço dos ofendidos.

IX. AS NAVES NASCERAM

Lord Cochrane estuda, examina, dirige, resolve, recolhe ao azar do caminho
os homens que a terra amarga, molhada de sangue, lhe entrega,
sobe-os à nave, batiza seus olhos terrestres com águas navais,
dirige os braços chilenos do mar até então imóvel,
coloca a insígnia de comando e a nova bandeira no áspero vento.
As naves nasceram. Os olhos de Cochrane navegam, indagam, espreitam.

X. PROCLAMA

Chilenos do mar! Ao assalto! Sou Cochrane. Eu venho de
longe!
Já aprendestes as artes do fogo e o luxo da simetria!
O sangue de Arauco é honra de minhas tripulações!
Avante: A terra do Chile ganha-se ou perde-se na água!
A mim, marinheiros! Eu não garanto a vida de ninguém,
mas a vitória de todos! A mim, marinheiros do Chile!

XI. TRIUNFO

Valdívia! A pólvora varreu as insígnias da Espanha!
Callao! As proas do Chile do Sul roubaram os ovos
da águia!
E foram abertos os mares à viagem de todos os homens!
Abriu-se como caixa de música o globo oceânico,
as ilhas da Polinésia Sagrada e Secreta surgiram cantando
e bailando
e um búzio institui na costa selvagem o mel, a verdade e o
aroma das profecias.

XII. ADEUS

Lord Cochrane, adeus! Teu navio retorna ao combate
e apenas selou a vitória as portas de tuas possessões,
apenas a fumaça da chaminé saúda a paz de teu horto
navega outra vez teu destino para a liberdade de outra terra.
Adeus, marinheiro! A noite despe seu corpo de prata
marinha
e sobre as ondas austrais resvala outra vez teu navio.
As mãos escuras do Chile recolhem tua insígnia caída na
névoa

a elevam ao alto dos campanários e das cordilheiras
teu escudo de pai guerreiro, tua herança de mar valoroso.

A noite do Sul acompanha tua nave e levanta sua taça de
estrelas
pelo navegante e seu errante destino de libertador dos povos.

XIII. COCHRANE DO CHILE

E agora pergunto ao vazio, ao passado de sombra, quem era
este cavaleiro intranquilo da liberdade e das ondas?

É este quem seus inimigos revestem de escuras cores?

É este o desviado que esconde uma bolsa de ouro na selva
de Londres?

É esta a espada expulsa das abadias patrícias?

É este quem ainda o encarniçado inimigo persegue através
dos livros?

Almirante, teus olhos se abrem saindo do mar cada dia!

Com teu invulnerável esplendor se ilumina o delgado
hemisfério
e na noite teus olhos se fecham sobre as cordilheiras do Chile!

Segue a Barcarola:

BOSQUE

Hora verde, hora esplêndida! Voltei a dizer sim
ao pertencente silêncio, ao oxigênio verde,
à aveleira rota pelas chuvas de então,
ao pavilhão de orgulho que assume a araucária,
a mim mesmo, a meu canto cantado pelos pássaros.

Escutem, é o trino repetido, o cristal
que a puro céu clama, combate, modifica,
é um fio que a água, a flauta e a platina
mantêm no ar, de ramo em ramo puro,
é o jogo simétrico da terra que canta,
é a estrofe que cai como uma gota de água.

PÁSSAROS

Oh delgada cascata de música silvestre!

Oh borbulha lavrada pela água na luz!

Oh som metálico do céu transparente!

Oh círculo do mundo convertido em pureza!

Hora de pés afundados no pastel do bosque,
velhas madeiras vítimas da umidade, ramagens
leprosas como estátuas de exploradores mortos,

e no alto se coroa a selva com estrelas
que na copa do olmo fabricam a fragrância!

Luz verde, genital, da selva! É estranho
cravar no papel estes signos: aqui
não cabe senão o musgo, a presença da árvore,
a inimizade do lago que ondula seu universo
e mais além dos bosques cheios de furacões
e mais além de todo este estupor fragrante
os vulcões armados por invencível neve.

Pobre do meu ser! Pobre minúsculo estrangeiro
chegado dos livros e das carrocerias,
sobrinho das cadeiras, irmão das camas,
pobre das colheres e dos garfos!
Pobre de mim, abandonado da natureza!

O pica-pau aproximou-se do meu caderno,
debulhou contra mim sua feroz gargalhada
e como pedra que caiu do céu
rompeu as vidraçarias do infinito.

Adeus
trem torrencial, relâmpago sonoro!

Acomodo o papel, persigo o tavão,
marcho para baixo afundando-me no tapete do musgo
e deixo para trás estas montanhas cristalinas.
Do lago Rupanco no centro a ilha Altuehuapi rodeada por
água e silêncio

emerge como uma coroa fragrante e florida trançada pelos
mirtos,
alçada por carvalhos, *maitenes*, caneleiras, *colihues**,
*copihues***,
e pela folhagem das aveleiras cortadas por tesouradas celestes,
povoada pelas gigantescas *peinetas**** hirsutas das
araucárias,
enquanto as abelhas na multidão nupcial das flores do olmo
crepitam alando a luz encrespada da monarquia na selva
sobre colossais fetos que movem a esmeralda fria de seus
leques.

Oh arrasado silêncio daquele continente chuvoso
sob cujos sinos de chuva nasceu a verdade de meu canto,
aqui no umbigo da água recupero o tesouro queimado
e volto a chorar e a cantar como a água nas pedras silvestres.

Oh chuva do lago Rupanco, por que me desdiz no mundo,
por que abandonei minha linhagem de tábuas apodrecidas
pelo aguaceiro.

Agora caminho pisando as verdes insígnias do musgo
e em sonhos os escaravelhos pululam sob meu esqueleto.

---

* *Colihue* (americanismo): planta que produz canas empregadas para fazer lanças, caniços de pesca etc. Floresce a cada 20 ou 30 anos. (N.T.)

** *Copihue* (do araucano): planta andina, trepadeira (lapagena rósea) de bela flor, vermelha e, mais raramente, branca. A flor do *copihue* é chamada no Chile de "*flor de la nacionalidad*". (N.T.)

*** *Peinetas*; pente convexo usado como adorno. (N.T.)

PUCATRIHUE

Em Pucatrihue vive
a voz, o sal, o ar.

Em Pucatrihue.

Em Pucatrihue cresce
a tarde como quando
uma bandeira
nasce.

Em Pucatrihue.

Em Pucatrihue um dia
perdeu-se e não voltou
da selva.

Em Pucatrihue.

Em Pucatrihue creio
não sei por que nem quando
nasceram
minhas raízes.

Perdi-as pelo mundo,
ou as deixei esquecidas
em um hotel escuro,
carcomido, da Europa.

Busquei-as no entanto
e só achei as minas,

os velhos esqueletos
de mármore amarelo.

Ai, Délia, minhas raízes
estão em Pucatrihue.
Não sei por que, nem como,
nem desde quando, mas
estão em Pucatrihue.

Sim.

Em Pucatrihue.

O LAGO

(Fala o lago Rupanco
toda a noite, só.

Toda a noite a mesma
linguagem rumorosa.

Para quê, para quem
fala
o lago?

Suave soa na sombra
como um salgueiro molhado.
Com que, com quem conversa
toda a noite o lago?

Talvez para si só.

O lago
conversa com o lago?

Seus lábios submergem,
se beijam sob a água,
suas sílabas sussurram,
falam.

Para quem? Para todos?
Para ti?
Para ninguém.

Recolho na ribeira,
pela manhã, flores
destroçadas.

Pétalas brancas de olmo,
aromas rechaçados
pelo vaivém da água.

Talvez foram coroas
de noivas afogadas.

Fala o lago, conversa
talvez com algo ou alguém.
Talvez com ninguém ou nada.

Talvez são de outro tempo
suas palavras
e ninguém entende agora
o idioma da água.

Algo quer dizer
a insistência sagrada
do lago, de sua voz
que se aproxima e apaga.

Fala o lago Rupanco
toda a noite.
                Escutas?
Parece chamando
os que já não podem
falar, ouvir, voltar,
talvez a ninguém,
a nada.)

Oitavo Episódio:

ARTIGAS

I.

ARTIGAS crescia entre os matagais e foi tempestuoso seu
passo
porque nas pradarias crescendo o galope de pedra ou sino
chegou a sacudir a inclemência do páramo como repetida
centelha,
chegou a acumular a cor celestial estendendo os cascos
sonoros
até que nasceu uma bandeira empapada no uruguaio orvalho.

II.

Uruguai, Uruguai, uruguaiam os cantos do rio uruguaio,
as aves *turpiales**, a rola de voz malferida, a torre do
trovão uruguaio
proclamam o grito celeste que diz Uruguai no vento
e se a cascata redobra e repete o galope dos cavaleiros
amargos
que para a fronteira recolhem os últimos grãos de sua
vitoriosa derrota
se estende o uníssono nome do pássaro puro,
a luz de violino que batiza a pátria violenta.

---

* *Turpial* (do caribe): ou turupial, pássaro do gênero *Icterus*. De penas brancas, negras e amarelas, que andam em bandos, do Canadá ao Brasil. (N.T.)

III.

Oh, Artigas, soldado do campo crescente, quando para
toda a tropa bastava
teu poncho estrelado por constelações que tu conhecias,
até que o sangue corrompe e redime a aurora, e acordam
teus homens
marchando atormentados pelas poeirentas ramagens do dia.
Oh pai constante do itinerário, caudilho do rumo, centauro
da poeirada!

IV.

Passaram-se os dias de um século e se seguiram as horas
atrás de teu exílio,
atrás da selva enredada por mil teias de aranha de ferro,
atrás do silêncio em que só caíam os frutos podres sobre
os pântanos,
as folhas, a chuva desencadeada, a música do urutau,
os passos descalços dos paraguaios entrando e saindo no
sol da sombra,
a trança do látego, os cepos, os corpos roídos por
escaravelhos:
um grave ferrolho se impôs apartando a cor da selva
e o arroxeado crepúsculo fechava com seus cinturões
os olhos de Artigas que buscam em sua desventura a luz
uruguaia.

V.

"*Amargo trabalho o exílio*" escreveu aquele irmão de
minha alma
e assim o entretanto da América caiu como pálpebra escura
sobre o olhar de Artigas, ginete do calafrio,
oprimido no imóvel olhar de vidro de um déspota, em um
reino vazio.

VI.

Tua América tremia com penitenciais dores:
Oribes, Alveares, Carreras, nus corriam para o sacrifício;
morriam, nasciam, caíam; os olhos do cego matavam; a
voz dos mudos
falava. Os mortos, por fim encontraram partido,
por fim conheceram seu bando patrício na morte.
E todos aqueles sangrentos souberam que pertenciam
à mesma fila: a terra não tem adversários.

VII.

Uruguai é palavra de pássaro, ou idioma da água,
é sílaba de uma cascata, é tormento de cristalaria,
Uruguai é a voz das frutas na primavera fragrante,
é um beijo fluvial dos bosques e a máscara azul do
Atlântico.
Uruguai é a roupa estendida no ouro de um dia de vento,
é o pão na mesa da América, a pureza do pão na mesa.

VIII.

E se Pablo Neruda, o cronista de todas as coisas te devia,
Uruguai, este canto,
este canto, este conto, esta migalha de espiga, este Artigas,
não faltei a meus deveres nem aceitei os escrúpulos do
intransigente:
esperei uma hora quieta, espreitei uma hora inquieta,
recolhi os herbários do rio,
submergi minha cabeça em tua areia e na prata dos
peixes-reis,
na clara amizade de teus filhos, em teus desmantelados
mercados
acender-me-ei até sentir-me devedor de teu olor e de teu
amor.
E talvez está escrito o rumor que teu amor e teu olor me
outorgaram
nestas palavras escuras, que deixo em memória de teu
capitão luminoso.

Segue a Barcarola:

SOLO DE SOL

Hoje, este momento, este hoje destapado, aqui fora,
o penhor oferecido ao espaço como um sino,
o contato do sol com minha meditação e tua fronte
nas redes rotundas que alçou o meio-dia
com o sol como um peixe palpitando no céu.

Bem-amada, este longe está feito de espigas e urtigas:
a distância trabalhou o cordel do rancor e do amor
até que sacudiram a nave os cães babosos do ódio
e entregamos ao mar outra vez a vitória e a fuga.

Apaga o ar, amor meu, violento, a inicial da dor na terra,
ao passar reconhece teus olhos e tocou teu olhar de novo
e parece que o vento de Abril contra a nossa arrogância
se vai sem voltar e sem ir-se jamais: é o mesmo,
é o mesmo que abriu o olhar total deste dia,
derramou no retângulo um racimo de abelhas
e criou na safira a multiplicação das rosas.

Bem-amada, nosso amor, que buscou a intempérie, navega
na luz conquistada, no vértice dos desafios,
e não há sombra arrastando-se dos dormitórios do mundo
que cubra esta espada cravada na espuma do céu.
Oh, água e terra és tu, sortilégio de relojoaria,
convenção da torre marinha com a greda do meu território!

Bem-amada, a felicidade, a cor do amor, a estátua do Sul
na chuva,
o espaço por ti reunido para satisfação de meus beijos,
a grandiosa onda fria que rompe sua pompa acesa pelo
amaranto,
e eu, escurecido por teu resplendor cereal,
oh amor, meio dia de sal transparente, Matilde no vento,
temos a forma de fruta que a primavera elabora
e persistiremos em nossos deveres profundos.

Nono Episódio:

SANTOS REVISITADO (1927-1967)

I.

SANTOS: É no Brasil, e faz já quatro vezes dez anos.
Alguém a meu lado conversa *"Pelé é um super-homem"*,
"Não sou um aficionado, mas na televisão eu gosto".
Antes era selvático este porto e cheirava
como uma axila do Brasil caloroso.
"Caio de Santa Marta." É um barco, e é outro, mil barcos!
Agora os frigoríficos estabelecerem catedrais
de belo cinza, e parecem
jogos de dados de deuses os brancos edifícios.
O café e o suor cresceram até criar as proas,
o pavimento, as habitações retilíneas:
quantos grãos de café, quantas gotas salobres
de suor? Talvez o mar
se encheria, mas a terra não, nunca a terra, nunca satisfeita,
faminta sempre de café, sedenta
de suor negro! Terra maldita, espero
que arrebentes um dia, de alimentos, de sacos mastigados
e de eterno suor de homens que já morreram
e foram substituídos para continuar suando.

II.

Aquele Santos de um dia de Junho, de quarenta anos menos,
volta a mim com um triste olor de tempo e bananeira,
com um cheiro de banana podre, esterco de ouro,

e uma raivosa chuva quente sob o sol.
Os trópicos me pareciam enfermidades do mundo,
feridas pululantes da terra. Adeus
noções: Aprendi o calor
como se aprendem as lágrimas, com sobressalto:
aprendi os meses da Monção e a insensata
fragrância da manga de Mandalay (penetrante
como flecha veloz de marfim e face),
e respeitei os templos sujos de meus semelhantes,
escuros como eu mesmo, idólatras como todos os homens.

III.

Quanto tu fazemos, quando eu fazemos a viagem do amor,
amor, Matilde, o mar ou tua boca redonda
são, somos a hora que despreendeu o então,
e cada dia corre buscando aniversário.

IV.

Santos, oh desonra do olvido, oh paciência
do tempo, que não só passou
mas que trouxe barcos brancos, verdes, sutis
e o tremor florestal se fez ferruginoso.

V.

Compreendo que escutei a esfera pondo o ouvido em um
ponto
e às vezes ouço só um rumor de marés ou abelhas:
perdão se não pude e a tempo escutar essa locomotiva
ou o estrondo espacial da nave que estala em seu ovo de aço
e que sobe silvando entre constelações e temperaturas,

perdoem algum dia se não vi o crescimento dos edifícios
porque estava olhando crescer uma árvore, perdão.
Tratarei de cumprir com aquelas cidades que fugiram de
minha alma
e se armaram de duras paredes, elevadores altivos,
deixando-me fora na chuva, olvidado nos anos ausentes,
agora que volto de então tiro o chapéu, e rio
saudando este grande esplendor sem desejo nem inveja:
sentindo-me vivo como uma laranja cortada conserva em
sua metade de ouro o intacto vestido de ontem
e no outro hemisfério respeita o cimento crescente.

Segue a Barcarola:

IDA E VOLTA

Celebro a mensagem indireta e a taça de tua transparência
(quando em Valparaíso encontraste meus olhos perdidos)
porque eu a distância fechei o olhar buscando-te, amada,
e me despedi de mim mesmo deixando-te só.

Um dia, um cavalo que cruza o caminho do tempo, uma
fogueira
que deixa na areia carvões noturnos como queimaduras
e desvencilhado, sem ver nem saber, prisioneira em minha
curta desdita,
espero que voltes apenas partida de nossas areias.

Celebro esses passos que não divisei entre teus passos
delgados,
a farinha incitante que tu despertaste nas padarias
e naquela gota de chuva que me dedicavas
achei, ao recolhê-la na costa, teu rasto encerrado na água.

Não devo descer as dunas nem ver o enxame da pescaria,
não tenho por que espreitar as baleias que atrai o Outono a
Quintay
desde suas espaçosas moradias e procriações antárticas:
a natureza não pode mentir a seus filhos e espero,
espera, te espero. E se chegas, a sombra porá em seu
hemisfério
uma claridade de violetas que não conhecia a noite.

Décimo Episódio:

FALA UM TRANSEUNTE DAS AMÉRICAS CHAMADO CHIVILCOY

I.

EU MUDO de rumo, de emprego, de bar e de barco, de
pelo
de renda e mulher, lancinante, de propósito não existo,
talvez sou mexibiano, argentuaio, bolívio,
caribião, panamante, colomvenechilenomalteco:
aprendi nos mercados a vender e comprar caminhando;
me inscrevi nos partidos díspares e mudei de camisa
impulsionado
pelas necessidades rituais que jogam à merda o crepúsculo
e confesso saber mais que todos sem ter aprendido:
o que ignoro não vale a pena, não se paga na praça, senhores.

Me acostumo a sapatos quebrados, gravatas surradas,
cuidado,
quando menos pensarem levo um grande solitário em um
dedo
e me engomam por dentro e por fora, me perfumam, me
cuidam, me penteiam.

Casei-me na Nicarágua: perguntem vocês pelo general
Allegado
que teve a honra de ser sogro de seu servidor, e mais tarde
na Colômbia fui esposo legítimo de uma Jaramillo Restrepo.
Se meus matrimônios terminam mudando de clima, não
importa.

(Falando entre homens: Minha *chola** de *tambo***: Algo
sério na cama.)
Vendi manteiga e *chancaca**** nos partos peruanos
e medicamentos de um povoado a outro da Patagônia:
vou envelhecendo nas más pensões sem dinheiro,
passando por rico,
e passando por pobre entre ricos, sem ter ganho nem
perdido nada.

II.

Da janela que me corresponde na vida
vejo o mesmo jardim poeirento de terra mesquinha
com cães errantes que urinam e ainda buscam a felicidade,
ou excrementícios e eróticos gatos que não se interessam
por vidas alheias.

III.

Eu sou aquele homem rodado por tantos quilômetros e
sem existência:
sou pedra em um rio que não tem nome no mapa,
sou o passageiro dos ônibus gastos de Oruro
e ainda que pertença às cervejarias de Montevidéu
na Boca andei vendendo guitarras do Chile
e sem passaporte entrava e saía pelas cordilheiras.
Suponho que todos os homens deixam bagagem;

---

* *Chola* (gíria): apelido carinhoso de mulher. (N.T.)

** *Tambo*: fazenda ou local da fazenda onde é extraído o leite da vaca para sua comercialização. (N.T.)

*** *Chancaca* (do asteca e quíchua; americanismo, feminino): açúcar mascavo. (N.T.)

eu vou deixar como herança o mesmo que o cão;
é o que levei entre as pernas: meus bens são esses.

IV.

Se desapareço apareço com outra visão: dá no mesmo.
Sou um herói imperecível não tenho começo nem fim
e minha moral consiste em um prato de peixe frito.

Segue a Barcarola:

EXPLICAÇÃO

Para este país, para estes cântaros de greda:
para este jornal sujo que voa com o vento na praia:
para estas terras quebradas que esperam um rio de inverno:
quero pedir algo e não sei a quem pedi-lo.

Para nossas cidades pestilentas e encarniçadas, onde há no
 entanto
escolas com sinos e cinemas cheios de sonhos,
e para os pescadores e as pescadoras dos arquipélagos do Sul
(onde faz tanto frio e dura tanto o ano)
quero pedir algo agora, e não sei o que pedir.

Já se sabe que os vulcões errantes das idades anteriores
juntaram-se aqui como barracas de circo
e ficaram imóveis no território:
nós que aqui nascemos nos acostumamos ao fogo
que ilumina a neve como uma cabeleira.

Mas logo a terra se converte em cavalo
que se sacode como se se queimasse vivo
e caímos rodando do planeta para a morte.

Quero pedir que não se mova a terra.
Somos tão poucos os que aqui nascemos.

Somos tão poucos os que padecemos
(e menos ainda os ditosos aqui nas cordilheiras)
há tantas coisas que fazer entre a neve e o mar:
ainda as crianças descalças atravessam os invernos;
não há tetos contra a chuva, faltam roupa e comida;
e assim se explica que eu tenha que pedir algo
sem saber bem a quem nem como fazê-lo.

(Quando já a memória do que fui se apague
com a repetição da onda na areia
e não lembre ninguém o que fiz ou não fiz
quero que me perdoem de antemão,
não tive tempo nunca de fazer ou não fazer nada:
porque a vida inteira eu a passei pedindo,
para que os demais alguma vez pudessem
viver tranquilos.)

Décimo Primeiro Episódio:

O ASTRONAUTA

I.

SE ME ENCONTREI nestas regiões reconcentradas e
calcáreas
foi por equívocos de pai e mãe em meu planeta:
me aborreceram tanto uns como outros inclementes;
deixei plantados os puros, desencadeei certa loucura
e continuei presenteando os hostis.

II.

Cheguei porque me convidaram a uma estrela recém-aberta;
já Leonov me havia dito que cruzaríamos cores
de enxofre imenso e amaranto, fogo furioso de turquesa,
zonas insólitas de prata como espelhos efervescentes
e quando então fiquei só sobre a calvície do céu
nesta zona parecida com a extensão de Antofagasta,
com a solidão de Astacama, com as alturas da Mongólia
me despi para viver no calor do mundo virgem,
do mundo velho de uma estrela que agonizava ou que nascia.

III.

Não me fazia falta a roupa mas a linguagem, recolhi
uma suavíssima, metálica flor, uma rosa cujo orvalho
caiu perfurando o solo como uma torrente de mercúrio
e por esse álveo escutei de gruta em gruta o orvalho
descer as escadarias de cristal adormecido e gasto.
Gasto por quem? Pelos sonhos? Pela vida com sobrenome?

Por animais ou pessoas, elefantes ou analfabetos?
E de repente me surpreendi buscando outra vez com tristeza
a identidade, a história, o conto dos que deixei na terra.

IV.

Talvez aqui nestas rugas, sob estas crostas estépicas,
sob o vulcânico estandarte das cinzas celestiais
existiu ou existe a inveja que mordeu-me pelos caminhos
terrestres, como um caimão de quarenta caudas apodrecidas?
Aqui também prosperará o canibal parasitário,
o cínico, o frívolo, o piadista sustentado por seus cosméticos?
Aqui o Chamudar trocará de casaca pegajosa
como o Retamudez Gordillo da intervenção "oportuna"?

V.

Mas encontrei só os ossos do silêncio carbonizado;
buscando desci os estratos de mortífera astrologia:
iguanas mortas talvez eram os vestígios do pó,
idades que se trituraram e ficava só o fulgor
e era toda aquela estrela como uma antiga borboleta
de ancestrais asas que apenas tocadas se desvaneciam
aparecendo então um buraco de metal,
uma cova em cujo passado brilhavam as pedras do frio.

VI.

Perdi-me pelas galerias do sol talvez derrubado
ou na lua sem coração com seus espelhos carcomidos
e como na segurança de meu país inseguro
aqui o medo me dirigia os pés no descobrimento.

Mas não achei como alabar o alabastro que corria
derretido, pelas gargantas de pedra-pome adstringente,
e como, com quem falar do tesouro negro que fugia
com o rio do azeviche pelas ruas cicatrizadas?

VII.

Pouco a pouco o silêncio me fez um Robinson assustadiço
sem roupa mas sem fome, sem sede porque pelos poros
a luz mineral nutria e umedecia, mas pouco
a pouco o planeta se despencava de minha língua,
e errei sem idioma, escuro pelas areias do silêncio.

Oh solidão espacial do silêncio! Se desfaz
o ruído do coração e quando sobressaltado
ouvi um silêncio debaixo de outro silêncio maior:
fui emagrecendo até ser somente silêncio naquele bairro
do céu
onde caí e fui enterrado por um álveo silencioso
por um grande rio de esmeraldas que não sabiam cantar.

Segue a Barcarola:

OS OFERECIMENTOS

Desde hoje te proclamo estival, filha de ouro, tristeza,
o que queira teu ser diminuto do amplo universo.

Bem-amada, te dou ou te nego, na copa do mundo:
ainda o que explora a larva em seu túnel estreito
ou o que decifra o astrônomo na paz parabólica
ou aquela república de tristes estátuas que choram ao lado
do mar
ou o peso nupcial da abelha carregada de ouro cheiroso
ou a coleção das folhas de todo o outono nos bosques
ou um fio da água na pedra que há em meu país natalício
ou um saco de trigo arrastado por quatro ladrões famintos
ou um trono de vime tecido pelas elegantes aranhas de Angol
ou um par de sapatos cortados em pedra de lua
ou um ovo nascido de condor das cordilheiras do Chile
ou sete sementes de erva fragrante crescida à beira do rio
Ralún
ou a flor especial que se abre nas nuvens por causa da fumaça
ou o rito dos araucanos com um cavalinho de pau na selva
ou aquele trem que perdi na Califórnia e encontrei no
deserto de Gobi
ou a asa da ave-relâmpago em cuja ancestral caçada
andei perdido no Sul e esquecido por todo um inverno
ou o lápis marinho capaz de escrever nas ondas
e o que tu queiras e o que não queiras te dou e te nego
porque as palavras estalam abrindo o castelo, e fechamos
os olhos.

Décimo Segundo Episódio:

A MÁSCARA MARINHA

RESVALA na úmida soma a lua
sorteando a sala com sua sussurrante saída
as aves do suave solstício os voos alçaram
e o sol da aurora auroreia na sopa do mar
a sopa do mar sopa negra passou pela sombra
parece que se abre uma caixa se sai a aurora
como um leque fechado é o sol em seu céu
saiu da caixa a luz da caixa de jacarandá
saiu perfumada a luz saiu alaranjada a luz saiu luz
leque era então em cima esplendor era fria esperança
e eu vou que vou no navio eu não voo nem corro nem nado
eu na proa celeste de acordo *azutrina** amaranto de acordo
de acordo com o leque crescente de acordo chovia de repente
e estátua de sal transparente na chuva ou arroxeada senhora
ofereci meu crepúsculo ao vento à noite que me devorava
e segui solitária na noite no dia nua turgente
era o mar do navio a rota a linha a mesma salmoura
e outro dia outra greta em minhas mãos em minha vestimenta
eu não olho os portos fechei os olhos ao dano
amo só o elemento a luz que transcorre as lanças do frio
sob o sol ao zênite uva a uva até ser um racimo
e de noite a sombra resvala a lua no vinho
o mar álcool do planeta a rosa que ferve e a água que arde
        eu sigo eu somo

* Após inúmeras pesquisas e consultas, a palavra *azutrina* foi conservada no original por não se encontrar sequer dicionarizada. (N.T.)

não movo os olhos não canto não tenho palavras não sonho
me movem me cantam me sonham me some a onda
salpica levanta minha desventurada cabeça na eterna
intempérie
eu vivo no grande movimento do orbe na nave
sou parte incessante da direção da essência
não tenho contrato assinado com gotas de sangue nem
rainha nem escrava
eu sei que armadores inflados pagaram dores com dólares
a barca a branca vestida a Vênus de baleiaria
as velas ao vento sobre a multidão do mar para o Chile
mas aquelas moedas caíram nos cofres do padre artesão
e logo rodaram pagando ataúdes garrafas sapatos escolas
ou flores
eu fui liberada e entrei no navio sem dívida de sangue
não compro a aurora não saio não movo os braços não reino
e só obedeço o palpitar da água na proa como uma maçã
obedece à seiva que sobe e navega na árvore da primavera
o sangue cetáceo o esperma violeta do assassinato nas ondas
não vejo nem o círculo frio do duro petrel no vento
nem o peixe arrancado de uma garra e partido por uma
bicada
sem dúvida um caminho de sangue sulcou a salmoura
ouviu o espantoso silêncio depois das chamas da artilharia
no território inocente outros homens vestidos de ouro
com máscaras brancas metiam em redes seus semelhantes
corriam uivando mulheres entre os castigos morriam de
amor e de fúria
as redes subiam repletas de olhares sombrios e mãos feridas
eu vi dessangrar-se os rios dos territórios e sei como
choram as pedras

oh raio do mar amedronta teus filhos castiga os cruéis
dizia a terra e o mar continuou e subiu o movimento para
meu peito
e eu me incorporo ao caminho meus olhos não sabem chorar
sou só uma forma na luz uma vértebra da alegoria.

A Barcarola termina:

SOLO DE SAL

(De repente o dia rápido se transformou em tristeza
e assim a barcarola que crescia cantando
se cala e permanece a voz sem movimento.)

Sabereis que naquela região que cruzava com medo
crispava a noite os ruídos secretos, a sombra selvática,
e eu me arrastava com os ônibus no misterioso universo:
Ásia negra, treva do bosque, cinza sagrada,
e minha juventude trêmula com asas de mosca
saltando daqui para lá pelos reinos escuros.

De repente se imobilizaram as rodas, desceram os
desconhecidos
e ali fiquei, ocidental, na solidão da selva:
ali sem sair daquele carro perdido na noite,
com vinte anos de idade esperando a morte, refugiado em
meu idioma.

De repente um tambor na selva, uma tocha, um rumor da rota,
e aqueles que predestinei como meus assassinos
bailavam ali, sob o peso da escuridão da selva,
para entreter o viajante perdido em remotas regiões.

Assim quando tantos presságios levavam ao final de
minha vida,

os altos tambores, as tranças floridas, os cintilantes tornozelos
dançavam sorrindo e cantando para um estrangeiro.

Canto-te este conto, amor meu, porque o ensino
do homem se cumpre apesar do estranho atavio
e ali se fundaram em mim os princípios da alba,
ali despertou minha razão à fraternidade dos homens.

Foi no Vietnã, no Vietnã no ano de mil novecentos e vinte
e oito.

Quarenta anos depois da música de meus companheiros
chegou o gás assassino queimando os pés e a música,
queimando o silêncio ritual da natureza
incendiando o amor e matando a paz das crianças.

Maldição ao atroz invasor! Diz agora o tambor reunindo
o pequeno país no nó de sua resistência.

Amor meu, cantei para ti os transcursos de mar e de dia,
e foi sonolenta a lua de minha barcarola na água
porque o dispôs o sistema de minha simetria
e o beijo incitante da primavera marinha.
Disse-te: levar pelo mundo da viagem teus olhos amados!
A rosa que em meu coração estabelece seu povo fragrante!
E, disse, dou-te além disso a lembrança de pícaros e heróis,
o trovão do mundo acompanha com seu poderio meus beijos,
e assim foi a barca barqueira deslizando em minha barcarola.
Mas anos impuros, o sangue do homem distante
recai na espuma, nos mancha na onda, salpica a lua: são
nossos,

são nossas dores aquelas distantes dores
e a resistência dos destruídos é parte concreta de minha
 alma.

Talvez esta guerra se irá como aquelas que nos compartiram,
deixando-nos mortos, matando-nos com os que mataram
mas a desonra deste tempo toca-nos a fronte com dedos
 queimados
e quem apagará o inflexível que teve o sangue inocente?

Amor meu, ao longo da costa longa
de uma pétala à outra a terra constrói o aroma
e já o estandarte da primavera proclama
nossa eternidade não por breve menos lacerante.

Se nunca a nave em seu império regressa com dedos intactos,
se a barcarola seguia seu rumo no trovão marinho
e se tua cintura dourada verteu sua beleza em minhas mãos
aqui submetemos neste regresso do mar, o destino,
e sem mais exame cumprimos com a labareda.

Quem ouve a essência secreta da sucessão,
da sucessiva estação que nos enche de sol ou de pranto?
Escolhe a terra calada uma folha, a ramificada póstuma
e cai na altura amarela como o testemunho de um advento.

O homem trepou em seus motores, se fizeram terríveis
as obras de arte, os quadros de chumbo, as tristes estátuas
 enfileiradas,
os livros que se dedicaram a falsificar o relâmpago,
os grandes negócios se fizeram com manchas de sangue
 no barro dos arrozais,

e da esperança de muitos ficou um esqueleto imprevisto:
o fim deste século pagava no céu o que nos devia,
e enquanto chegava à lua e deixava cair ferramentas de ouro,
não soubemos nós, os filhos do lento crepúsculo,
se se descobria outra forma de morte ou se tínhamos um
novo planeta.

De minha parte e tua parte, cumprimos, compartilhamos
esperanças e invernos
e fomos feridos não só pelos inimigos mortais
mas por mortais amigos (e isto pareceu mais amargo),
porém não me parece mais doce meu pão ou meu livro
entretanto:
agregamos vivendo a cifra que falta à dor
e seguimos amando o amor e com nossa conduta direta
enterramos os mentirosos e vivemos com os verdadeiros.

Amor meu, a noite chegou galopando sobre as extensões
do mundo.

Amor meu, a noite apaga o signo do mar e a nave resvala e
repousa.

Amor meu, a noite acendeu seu instituto estrelado.

No vazio do homem adormecido a mulher navegou
desvelada
e desceram os dois no sonho pelos rios que levam ao pranto
e cresceram de novo entre os animais escuros e os trens
carregados de sombra
até que não chegaram a ser senão pálidas pedras noturnas.

É a hora, amor meu, de apartar esta rosa sombria,
cerrar as estrelas, enterrar a cinza na terra:
e na insurreição da luz, despertar com os que despertaram
ou seguir no sonho alcançando a outra margem do mar
que não tem outra margem.

REFERÊNCIAS

A Barcarola. Canção muito em moda no começo do século. Passou a ser considerada anônima. A reprodução da partitura que aparece no início do livro foi editada na "Casa Amarela", em Santiago do Chile. A música aparece como um arranjo de Roberto Retes. A letra é de R. Tudela.

O começo de *A Barcarola* apareceu publicado como fragmento com o título de "Amores: Matilde" na quinta parte do *Memorial de Ilha Negra*, Sonata Crítica. Nas próximas edições do *Memorial de Ilha Negra* serão suprimidos os versos que agora são publicados aqui (p. 9-24).

Ñuble, Quinchamalí. Na província de Ñuble, cidade de Chillán, nasceu Matilde Urrutia, a companheira do poeta. Quinchamalí é a aldeia dessa região onde se elabora a mais bela cerâmica popular do Chile (p. 13).

Pillanlelbún, Rengo, Rancágua, Renaico, Lancoche, Quirihue. Cidades e aldeias do sul do Chile (p. 13 e 14).

Datitla. Casa da família Mántaras numa praia do Uruguai (p. 17).

La Chascona e *La Sebastiana*. Casas construídas pelo poeta em Santiago e em Valparaíso (p. 19 e 21).

Terremoto no Chile. Trata-se do terremoto de 1965 que afetou especialmente a zona de Valparaíso. A residência do poeta sofreu danos consideráveis. Pablo Neruda e Matilde souberam da notícia perto de Lisboa. O poeta Aragon, da França, dedicou com este motivo e este tema sua extraordinária *Elegia a Pablo Neruda,* Gallimard, 1965 (p. 25).

Rua da Huchette. Rua do Quartier Latin que desemboca no Boulevard Saint Michel em Paris (p. 34).

Rubén Azócar (1901-1965). Escritor chileno, autor do romance *Gente na Ilha.* Uma grande amizade uniu-o a Pablo Neruda (p. 48).

Boroa, Lota, Talagante e *Angol.* Povoados do Sul do Chile (p. 49, 62, 74 e 145).

Temuco. Cidade da infância do poeta (p. 49).

Ancud. Porto de Ancud, capital da província de Chiloé (p. 50).

Tenho o ás! Tenho o dois! Tenho o três! Tenho o rei com a espada na mão! Estribilho de uma canção regional (p. 52).

Nahuelbuta. Cordilheira chilena (p. 58).

Joaquín Murieta. Bandido chileno. Lendário personagem popular. Viveu e morreu na Califórnia durante a época do descobrimento do ouro (p. 66).

Arica, Antofagasta, Taltal, Coquimbo, Valparaíso, Quillota. Portos e cidades do Norte chileno (p. 66-81).

José Manuel Balmaceda. Presidente do Chile. Período 1886-1891 (p. 99).

Lord Thomas Cochrane. Décimo Conde de Dundonald (1775-1860). Navegante escocês. Foi o primeiro almirante da Marinha do Chile. Suas ações de guerra mais famosas – El Callao, Valdívia – permitiram o tráfego e comércio de todas as nações ao Sul do Oceano Pacífico. Foi perseguido e encarcerado na Inglaterra antes de entrar a serviço do Chile. O prólogo deste episódio, "Lord Cochrane do Chile", é a transcrição quase literal de um de seus discursos na Câmara dos Comuns *(The Autography of a seaman,* Richard Dentley, Londres, 1860). O poeta quer significar, com a transcrição no poema deste discurso de Cochrane, que as perseguições sofridas pelo grande navegante tiveram origem política (p. 105).

Bernardo O'Higgins (1776-1802), *José Miguel Carrera* (1785-1821), *Manuel Rodríguez* (1786-1818). Próceres chilenos. Pais da Pátria (p. 110).

Lago Rupanco. Lago do extremo austral do Chile (p. 115).

Pucatrihue. Aldeia chilena (p. 116).

José Gervasio Artigas (1774-1850). Prócer uruguaio. Lutou pela separação do Uruguai do que tinha sido o Vice-Reinado do Rio da Prata, conseguindo seus propósitos (p. 122).

Santos. Porto do Brasil (p. 129).

Coleção **L&PM** POCKET (Lançamentos mais recentes)

250.**Paris boêmia** – Dan Franck
251.**Paris libertária** – Dan Franck
252.**Paris ocupada** – Dan Franck
253.**Uma anedota infame** – Dostoiévski
254.**O último dia de um condenado** – Victor Hugo
255.**Nem só de caviar vive o homem** – J.M. Simmel
256.**Amanhã é outro dia** – J.M. Simmel
257.**Mulherzinhas** – Louisa May Alcott
258.**Reforma Protestante** – Peter Marshall
259.**História econômica global** – Robert C. Allen
1260(33).**Che Guevara** – Alain Foix
1261.**Câncer** – Nicholas James
1262.**Akhenaton** – Agatha Christie
1263.**Aforismos para a sabedoria de vida** – Arthur Schopenhauer
1264.**Uma história do mundo** – David Coimbra
1265.**Ame e não sofra** – Walter Riso
1266.**Desapegue-se!** – Walter Riso
1267.**Os Sousa: Uma famíla do barulho** – Mauricio de Sousa
1268.**Nico Demo: O rei da travessura** – Mauricio de Sousa
1269.**Testemunha de acusação e outras peças** – Agatha Christie
1270(34).**Dostoiévski** – Virgil Tanase
1271.**O melhor de Hagar 8** – Dik Browne
1272.**O melhor de Hagar 9** – Dik Browne
1273.**O melhor de Hagar 10** – Dik e Chris Browne
1274.**Considerações sobre o governo representativo** – John Stuart Mill
1275.**O homem Moisés e a religião monoteísta** – Freud
1276.**Inibição, sintoma e medo** – Freud
1277.**Além do princípio de prazer** – Freud
1278.**O direito de dizer não!** – Walter Riso
1279.**A arte de ser flexível** – Walter Riso
1280.**Casados e descasados** – August Strindberg
1281.**Da Terra à Lua** – Júlio Verne
1282.**Minhas galerias e meus pintores** – Kahnweiler
1283.**A arte do romance** – Virginia Woolf
1284.**Teatro completo v. 1: As aves da noite** ***seguido de*** **O visitante** – Hilda Hilst
1285.**Teatro completo v. 2: O verdugo** ***seguido de*** **A morte do patriarca** – Hilda Hilst
1286.**Teatro completo v. 3: O rato no muro** ***seguido de*** **Auto da barca de Camiri** – Hilda Hilst
1287.**Teatro completo v. 4: A empresa** ***seguido de*** **O novo sistema** – Hilda Hilst
1289.**Fora de mim** – Martha Medeiros
1290.**Divã** – Martha Medeiros
1291.**Sobre a genealogia da moral: um escrito polêmico** – Nietzsche
1292.**A consciência de Zeno** – Italo Svevo
1293.**Células-tronco** – Jonathan Slack
1294.**O fim do ciúme e outros contos** – Proust
1295.**A jangada** – Júlio Verne
1296.**A ilha do dr. Moreau** – H.G. Wells
1297.**Ninho de fidalgos** – Ivan Turguêniev
1298.**Jane Eyre** – Charlotte Brontë
1299.**Sobre gatos** – Bukowski
1300.**Sobre o amor** – Bukowski
1301.**Escrever para não enlouquecer** – Bukowski
1302.**222 receitas** – J. A. Pinheiro Machado
1303.**Reinações de Narizinho** – Monteiro Lobato
1304.**O Saci** – Monteiro Lobato
1305.**Memórias da Emília** – Monteiro Lobato
1306.**O Picapau Amarelo** – Monteiro Lobato
1307.**A reforma da Natureza** – Monteiro Lobato
1308.**Fábulas** ***seguido de*** **Histórias diversas** – Monteiro Lobato
1309.**Aventuras de Hans Staden** – Monteiro Lobato
1310.**Peter Pan** – Monteiro Lobato
1311.**Dom Quixote das crianças** – Monteiro Lobato
1312.**O Minotauro** – Monteiro Lobato
1313.**Um quarto só seu** – Virginia Woolf
1314.**Sonetos** – Shakespeare
1315(35).**Thoreau** – Marie Berthoumieu e Laura El Makki
1316.**Teoria da arte** – Cynthia Freeland
1317.**A arte da prudência** – Baltasar Gracián
1318.**O louco** ***seguido de*** **Areia e espuma** – Khalil Gibran
1319.**O profeta** ***seguido de*** **O jardim do profeta** – Khalil Gibran
1320.**Jesus, o Filho do Homem** – Khalil Gibran
1321.**A luta** – Norman Mailer
1322.**Sobre o sofrimento do mundo e outros ensaios** – Schopenhauer
1323.**Epidemiologia** – Rodolfo Saracci
1324.**Japão moderno** – Christopher Goto-Jones
1325.**A arte da meditação** – Matthieu Ricard
1326.**O adversário secreto** – Agatha Christie
1327.**Pollyanna** – Eleanor H. Porter
1328.**Espelhos** – Eduardo Galeano
1329.**A Vênus das peles** – Sacher-Masoch
1330.**O 18 de brumário de Luís Bonaparte** – Karl Marx
1331.**Um jogo para os vivos** – Patricia Highsmith
1332.**A tristeza pode esperar** – J.J. Camargo
1333.**Vinte poemas de amor e uma canção desesperada** – Pablo Neruda
1334.**Judaísmo** – Norman Solomon
1335.**Esquizofrenia** – Christopher Frith & Eve Johnstone
1336.**Seis personagens em busca de um autor** – Luigi Pirandello
1337.**A Fazenda dos Animais** – George Orwell
1338.**1984** – George Orwell
1339.**Ubu Rei** – Alfred Jarry
1340.**Sobre bêbados e bebidas** – Bukowski
1341.**Tempestade para os vivos e para os mortos** – Bukowski
1342.**Complicado** – Natsume Ono
1343.**Sobre o livre-arbítrio** – Schopenhauer
1344.**Uma breve história da literatura** – John Sutherland
1345.**Você fica tão sozinho às vezes que até faz sentido** – Bukowski

IMPRESSÃO:

PALLOTTI
GRÁFICA

Santa Maria - RS | Fone: (55) 3220.4500
www.graficapallotti.com.br